Wolfgang Koristka

Blumen-sträuße
selber binden

Die schönsten Ideen für alle Anlässe

Rat vom Floristmeister für Materialien,
fürs Binden und Gestalten

Mit Farbfotos von Jürgen Stork

GU GRÄFE UND UNZER

Inhalt

4 **Ein Wort zuvor**

6 **Blumen richtig sehen lernen**

6 Warum sind Blumenwiesen so schön?
6 Die Natur als Vorbild
6 Blumen mit aufrechtem Wuchs
6 Blumen mit geneigtem Wuchs
6 Die Wirkung von Blumen
6 Blumen mit großer Geltung
7 Blumen mit mittlerer Geltung
8 Blumen mit geringerer Geltung
8 Die Bewegungformen
8 Bedeutung der Bewegungsformen im Strauß
9 Aktive Bewegungen
9 Passive Bewegungen
11 Farben
11 Farben und Blumen
11 Farben und Sträuße
11 Die Wirkung der Farben
11 Das »neutrale« Grün
11 Die »Unfarbe« Weiß
11 Sträuße in gegenüberliegenden Farben
12 Sträuße in benachbarten Farben
13 Sträuße Ton-in-Ton
13 Bunte Sträuße
13 Strukturen
13 Nicht pflanzliche Strukturen
14 Unterschiedliche Oberflächen und Ihre Wirkung
14 Beispiele für gegensätzliche Strukturen
14 Beispiele für harmonische Strukturen

Sommerstrauß aus Iris, Levkojen und Wax-Flower.

15 **Schnittblumen pflegen und frischhalten**

15 Blumen aus dem Garten
15 Blumen, die zu schnell welken
15 Blumen aus der Natur
15 Der Zeitpunkt für das Schneiden
15 Tips für das Schneiden
16 Der Blumenkauf
16 Einkaufsquellen
16 Darauf sollten Sie beim Blumenkauf achten
16 Frische Blumen erkennen
18 Der richtige Transport von Blumen
19 Schnittblumen vorbereiten und richtig versorgen
19 Das richtige Werkzeug

19 Abblättern und Entdornen
19 Der Anschnitt
20 Pflege beim Anschnitt
20 Welke Blumen auffrischen
20 Frischhaltemittel
20 Hilfsmittel und Techniken
20 Hilfsmittel Draht
21 Blumen von innen stützen
21 Stützen der Blätter des Beiwerks
21 So werden Blätter gestützt
22 Andrahten
22 So wird angedrahtet
22 Blumen von außen stützen
22 Draht kaschieren
22 Hilfsmittel Bast
22 Gefäße für den Strauß
23 Binden und Pflege des fertigen Straußes

23 So wird zusammengebunden
23 So wird angeschnitten
23 Die Wasserversorgung
23 Wasser enthärten
23 Spezielle Tips für das Frischhalten der Sträuße
24 Blumensträuße trocknen

**25 Grundkurse fürs
   Binden und Gestalten**
25 Grundkurs Bindetechnik
25 Tips fürs Binden
25 Grundkurs fürs Gestalten
25 Der Straußumriß
26 Bindetraining
28 Was Sie über das Anordnen
   der Blumen wissen sollten
28 Grundregeln für einen
   symmetrischen Strauß mit
   geschlossenem Umriß
29 Grundregeln für einen
   symmetrischen Strauß mit
   aufgelockertem Umriß
29 Was Sie bei der Gestaltung
   eines Straußes beachten
   sollten
30 Blumensträuße planen
30 So wird ein Strauß geplant

Anschneiden des Straußes.

Koniferenstrauß, Rosen einstecken.

**31 Die schönsten Sträuße
   selber binden**
31 Erläuterungen zu den Straußbeschreibungen
32 Erläuterungen zur Pflanzentabelle
   Die Bewegungsformen –
   Erklärung der Symbole
34 Der einfache Strauß
36 Der füllige Strauß
38 Der tropfenförmige Strauß
40 Der Biedermeierstrauß
42 Der Koniferenstrauß
44 Der vegetative Strauß
46 Der Strauß mit grafischer
   Wirkung
48 Der Strukturstrauß
50 Der parallele Strauß
52 Der Stehstrauß
54 Der Trendstrauß
56 Pflanzentabelle mit Angaben
   der deutschen und botanischen
   Namen beliebter Schnittblumen, ihrer Geltungsansprüche
   und Bewegungsformen sowie
   Angaben, wann die Blumen im
   Garten blühen oder im Handel
   zu bekommen sind

60 Arten- und Sachregister
63 Literatur

Blumen von innen stützen.

Die Fotos auf dem Umschlag:
Umschlagvorderseite: Sommer-
strauß aus Celosien, Dahlien,
Sternskabiosen, Fetthenne, Chry-
santhemen, Johanniskraut-Frucht-
ständen, Asparagus, Hartriegel und
Bergenienblättern.
Umschlagseite 2: Rundgebundener
Strauß aus Rosen, Ranunkeln, Mar-
geriten, Schleierkraut, Bärengras,
Farnwedel und Salalblättern.
Umschlagseite 3: Frühlingsstrauß
aus Tulpen, Trollblumen, Margeri-
ten und als Beiwerk Schleierkraut,
Farn, Plumosus (*Asparagus seta-
ceus*) und Federn.
Umschlagrückseite: Schritt-für-
Schritt-Folge fürs Binden des Som-
merstraußes von der Umschlagvorderseite (Anleitung → Seite 63).

Wer Blumensträuße binden möchte, kann heutzutage aus dem Vollen schöpfen, denn Garten und Handel bieten ein reichhaltiges Angebot an Schnittblumen und allerlei schmückendem Beiwerk. Wem macht es nicht Freude, aus Gartenblumen oder einem Dutzend preiswerter Rosen vom Wochenmarkt einen hübschen Strauß zu binden? Ein selbstgebundener Strauß für die eigene Wohnung oder zum Verschenken ist eben etwas Besonderes und sehr Persönliches.

Manche Blumenfreunde wagen sich aber nicht an die formschön gestalteten Sträuße heran, die sie beim Blumenhändler bewundert haben. Dabei ist das Blumenbinden für alle, die Spaß am kreativen Gestalten haben, gar nicht schwer. Daß es jeder lernen kann, zeigt dieser GU Pflanzen-Ratgeber. Es ist der erste Ratgeber, der das Binden von Blumensträußen in farbigen Schritt-für-Schritt-Fotos und mit präzisen Anleitungen anschaulich und leicht nachvollziehbar zeigt. Anhand von Schritt-für-Schritt-Fotos, einfachen Begleittexten und präzisen Angaben zu Farbzusammenstellung und Menge der Blumen und des Beiwerks lernen Sie rasch die unterschiedlichsten Straußarten zu binden – vom einfachen rundgebundenen Strauß über liebliche Biedermeiersträuße bis hin zum üppigen »Trendstrauß«. Und damit Ihre Sträuße auch wirklich gelingen, zeigt Ihnen Floristmeister Wolfgang Koristka die Bindetechnik, die wichtigste Voraussetzung für das erfolgreiche Gestalten von Blumensträußen. Mit Hilfe einer einfachen Methode erklärt er, wie Sie das spiralförmige, nämlich das richtige Einordnen von Blumen üben können.

Neben diesem Grundkurs für Bindetechnik macht er Sie auch mit dem Drahten, Blumen von innen und außen stützen, vertraut, mit Hilfstechniken also, die Sie brauchen, um die unterschiedlichsten Blumen verarbeiten zu können. Er verschweigt auch nicht, daß erst die Übung den Meister macht. Doch mit ein wenig Geduld gelingt es auch dem Ungeübten bald einen formschönen Strauß zu binden. Der Autor gibt außerdem ausführliche Informationen über die richtige Auswahl und Zusammenstellung der Blumen. Denn jede Blume hat eine eigene Wuchsform, der Florist nennt sie Bewegungsform, die für ihre Wirkung im Strauß eine große Rolle spielt. Einprägsame Symbole der Bewegungsformen machen es Ihnen leicht, das richtige Verarbeiten der einzelnen Blumenarten im Strauß zu lernen. Unterstützt werden diese Lernhilfen für »kreatives Blumenbinden« noch durch eine Pflanzentabelle, in der die Bewegungsformen beliebter Schnittblumen und ihre Blühsaison angegeben sind. Damit die selbstgebundenen Blumensträuße – ob groß oder klein – lange halten, finden Sie in diesem Ratgeber auch spezielle Tips für das Frischhalten der Blumensträuße und einzelner Blumenarten.

Eine Besonderheit sind die vielen brillanten Farbfotos, die Jürgen Stork speziell für dieses Buch aufgenommen hat: Während der Autor Wolfgang Koristka die Blumensträuße gestaltete, hat Jürgen Stork die Entstehung Schritt-für-Schritt fotografiert.

Viel Spaß beim Selberbinden von Blumensträußen wünschen Ihnen der Autor und die GU Naturbuch-Redaktion.

Der Autor
Wolfgang Koristka, Gärtner, Floristmeister und Mitarbeiter von »mein schöner Garten«, Autor zahlreicher Fachbeiträge. Auf Messen und in Volkshochschulen hält er Kurse über die Kunst des Blumenbindes.

Wichtige Hinweise
In diesem Buch geht es um das Binden von Blumensträußen. Einige der dafür genannten Pflanzen sind giftig oder sondern schleimhautreizende Stoffe ab. Diese Pflanzen sind in der Tabelle auf Seite 56 bis 59 durch Symbole deutlich gekennzeichnet. Achten Sie unbedingt darauf, daß Kinder oder Haustiere diese Pflanzen nicht essen, da sonst erhebliche gesundheitliche Störungen auftreten können.
Beim Schneiden von Pflanzen, beim Vorbereiten der Pflanzen fürs Binden und auch beim Binden selbst kann man sich an dornen- und stacheltragenden Pflanzen oder verwendeten Drähten (→ Seite 15 und 16) verletzen. Gehen Sie im Zweifelsfall auch bei kleinen Verletzungen zum Arzt. Pflanzen, bei denen Verletzungsgefahr besteht, sollten für Kinder und Haustiere unerreichbar aufgestellt werden.

Dekorativer Strauß für festliche ▷
Anlässe.
Gebunden aus Lilien, Rosen, Levkojen, Margeriten, Schleierkraut und Salalblättern (Anleitung fürs Binden → Seite 36).

Blumen richtig sehen lernen

Blumen in allen Farben und Größen, Blüten von Sträuchern, Gräser, grüne Blätter und Zweige – alles, was grünt und blüht, können Sie zu zauberhaften Blumensträußen binden. Doch keine Pflanze gleicht der anderen, jede hat ihre eigene Gestalt, und jede hat eine bestimmte Wirkung im Zusammenklang mit anderen Pflanzen. Dies sehen zu lernen, ist ein wichtiger Schritt für das Gestalten schöner Blumensträuße.

Viele denken, wenn von Blumen die Rede ist, vorwiegend an deren Blüten. Beim Verarbeiten zu Sträußen zähle ich jedoch sämtliche geschnittene Pflanzenteile dazu – die blühenden wie die grünen. Der Florist verwendet dafür in der Fachsprache den Begriff Schnittblume.

Warum sind Blumenwiesen so schön?

Eine Wiese voller Blumen läßt sich so unterschiedlich erleben: Von weit weg leuchten ihre Blüten wie fröhliche Farbtupfer in einem impressionistischen Gemälde, und im Morgentau schimmert sie frisch und klar. Aus der Nähe betrachtet, sieht man, welche Vielfalt an Wuchsformen auf einer Wiese zu finden ist. Aber gleichgültig wann und wie wir sie sehen – Blumenwiesen findet jeder schön. Und das liegt daran, daß Blumen und Gräser sich in einer natürlichen Gemeinschaft befinden, in der sie zusammenpassen, ohne dabei ihre Eigenwirkung zu verlieren. Wer Sträuße binden will, kann deshalb gar nicht genug hinsehen, um aus der Natur zu lernen.

Die Natur als Vorbild

Beobachten Sie einmal einzelne Blüten in der Gemeinschaft einer Blumenwiese oder eines Feldes. Alle Blüten streben zum Licht. Sind sie durch einen Sturm zur Erde gebogen, macht sich ihr Drang zum Licht besonders bemerkbar, denn alle richten sich in kurzer Zeit wieder auf. Diese Beobachtung hilft Ihnen beim Gestalten von Blumensträußen. Da Sie mit lebenden Blumen gestalten, sollen diese auch ihrem natürlichen Wuchs entsprechend verarbeitet werden.
Blumen mit aufrechtem Wuchs (wie Rosen, Nelken, Margeriten, Gerbera, Zinnien) werden so in den Strauß gelegt, als strebten ihre Blüten der Sonne entgegen. Wenn eine solche Blume den Kopf hängen läßt, drehen Sie deren Stiel so lange, bis die Blüte zur Straußmitte hin zeigt. Es gibt allerdings auch ein Hilfsmittel: Vor dem Binden die Blüte drahten (→ Seite 21) und in den natürlichen (aufrechten) Wuchs biegen. Probieren Sie es einmal mit einer Gerbera oder Zinnie, denn beide lassen schnell nach dem Schnitt den Kopf hängen, da das Gewicht der Blüte im Vergleich zum Stiel zu groß ist. Mit geneigtem Haupt wirken sie müde und alt, mit gedrahtetem Stiel und aufrechter Blüte hingegen sehen sie frisch aus.
Blumen mit geneigtem Wuchs haben Blüten, die in eine Richtung weisen (wie Narzissen, Schneeglöckchen, Frauenschuhe, Alpenveilchen); dazu zählen aber auch solche, die in mehrere Richtungen zeigen (wie Lilien, Amaryllis, Glockenblumen, Maiglöckchen, Orchideen-Rispen, Freesien). Diese Blumen werden in ihrem natürlichen Wuchs belassen. Ist der Stengel gerade, werden sie in die Mitte des Straußes gebunden, Pflanzen mit geneigtem oder geschwungenem Stengel kommen in den Randbereich.

Die Wirkung von Blumen

In der Natur können Sie eine Rangordnung beobachten, aus der sich die unterschiedliche Wirkung von Blumen erklären läßt. Jede Blume besitzt so etwas wie eine eigene Persönlichkeit und wirkt auf ihre eigene Weise. Weiß man um diese Wirkung, so ist es leicht, Blumen in einem Strauß natürlich anzuordnen, was besonders für die Schönheit des vegetativen Straußes (→ Seite 45) eine große Rolle spielt. In der Praxis der Blumenbinderei spricht man nicht von Persönlichkeit oder Wirkung, sondern von Geltung.

Blumen mit großer Geltung
Es gibt Blumen (wie Lilien), die ihre ganze Schönheit erst dann entfalten, wenn in ihrer unmittelbaren Umgebung keine anderen Pflanzenteile zu finden sind. Sie brauchen große Freiräume, um herrschen und dominieren zu können. Diese Pflanzen lassen sich in zwei Gruppen einteilen:

Rustikaler Sommerstrauß aus Margeriten, Kalendula und verschiedenen Kräutern.

Herrschende Blumen (floristisch: Herrschaftsform) sind absolut über alle Pflanzen erhaben. Ihre Blüten streben stark nach allen Seiten und sitzen meist auf einem hohen, mächtigen Schaft (wie Amaryllis). Blumen wie diese werden immer in der Mitte des Straußes angeordnet und überragen alle anderen Blumen.

Edle Blumen (floristisch: Edelform), ihre Blüten stehen ebenfalls auf einem hohen Schaft, weisen jedoch nur nach einer Seite (wie Narzissen) oder aber wie ein Pfeil nach oben (wie Gladiolen). Ferner zählen zu ihnen Blütenrispen (wie Orchideen), die aber nur dann eine edle Geltung erzielen, wenn sie einzeln verarbeitet werden.

Im Strauß wollen diese Pflanzen ebenfalls dominieren, können sich aber herrschenden Blumen oder Gräsern – wenn diese im entsprechenden Abstand eingefügt sind – unterordnen. Falls Sie im Strauß keine Blumen mit größerer Geltung haben, dann sollten Sie die edlen Blumen wie die herrschenden behandeln.

Blumen mit mittlerer Geltung
Die nächste Gruppe der Pflanzenhierarchie umfaßt Blumen, die auch in Gemeinschaft nichts von ihrer individuellen Schönheit verlieren.
Kooperative Blumen (floristisch: Geltungsform) können mit Blumen aus allen Geltungsbereichen verarbeitet werden. Im Strauß dürfen sie natürlich die herrschenden nicht überragen, ihr Platz ist vielmehr in der Mitte als Verbindungsglied zwischen Blumen großer und geringerer Geltung.

Prunkvolle Blumen (floristisch: Prunkform) besitzen besonders große und üppige Blüten (wie Pfingstrosen). Am besten wirken sie, wenn man nur eine Art von ihnen mit Blumen anderer Geltung im Strauß verarbeitet. Unterschiedliche Prunkformen sollen nicht miteinander gemischt werden.

Blumen mit geringerer Geltung
Zu diesen Massenblühern gehören alle Rabattenblumen und Pflanzen, die eine Menge Seitentriebe mit kleinen Blüten besitzen. Sie werden in den unteren Bereich des Straußes – in den Basisbereich – kompakt und dicht gebunden.
Geringe Geltung besitzen auch Schneeglöckchen, Schlüsselblumen, Maiglöckchen und Veilchen, sofern sie einzeln verarbeitet werden. Wenn sie in Sträußen in größeren Mengen verwendet werden, steigen sie zur Edelform auf.
Sie wissen nun, welche Blumen nach der ihnen innewohnenden Wirkung in welchem Teil eines Straußes verarbeitet werden können. Bei welchen Sträußen Sie auf diese Geltungsbereiche besonders achten sollten, finden Sie auf Seite 31.

Die Bewegungsformen

Während der vorhergehende Abschnitt versuchte, den Blick für die Wirkung der Pflanzen untereinander zu sensibilisieren, hier nun ein anderer Blickwinkel. Betrachten Sie doch einmal eine Pflanze rein graphisch nach ihrer Wuchsform. Der Florist spricht von Bewegungsformen, die Sie kennen sollten, wenn Sie dekorative Sträuße (→ Seite 37 und 39) und andere Straußarten binden wollen. Man unterscheidet 6 aktive und 2 passive Bewegungsformen. In diese Kategorien läßt sich die Wuchsform jeder Blume einordnen. Die einzelnen Formen können beliebig miteinander kombiniert werden.

Mein Tip: Ich empfehle Ihnen für einen ausgewogenen Strauß Blumen zu wählen, von denen mindestens zwei der aktiven und eine der passiven Form zugehören. Es können aber auch mehr sein.
Bei Biedermeiersträußen zum Beispiel brauchen Sie drei Bewegungsformen: Die aufstrebende mit rundem Endpunkt, die sammelnde und die ausschwingende. Die ausschwingende (zum Beispiel Blätter oder Farnwedel) dient als Abschluß.

Bedeutung der Bewegungsform im Strauß

Wenn Sie einen Blumenstrauß gestalten, werden Sie sich die Frage stellen, welche Blume kommt an welchen Ort im Strauß.
Teilen Sie den Strauß ganz grob in drei Schichten auf:
• In der obersten Schicht verarbeiten Sie alle aufstrebenden und aufstrebend entfaltenden Blumen.
• In die Mittelschicht kommen die aufstrebenden mit rundem Endpunkt und ausschwingenden.
• In die untere Schicht, die Basis genannt, binden Sie die sammelnden und abfließenden Bewegungsformen.
• Die brüchigen und verspielten sind sowohl im oberen als auch im mittleren Bereich zu finden.
In der Basis verwendet man diese Bewegungsformen am besten nur als zusammengefaßte Büschel, wie beim Schleierkraut möglich.
Keine Regel ohne Ausnahme: Wenn Sie sich ganz streng daran halten, bekommen Sie keinen locker gestalteten Strauß. Deshalb: »Verschachteln« Sie die drei Bereiche ein wenig ineinander, dann wird das Schema aufgelockert.

Blumen mit großer Geltung	Herrschende Blumen Amaryllis, Bärenklau, Herkuleskraut, Lilien, Papyrus, Schmucklilie, Sonnenblume, Steppenkerze, Weihnachtsstern (Einzelblüte)	Edle Blumen Akelei, Anthurie, Gladiolen, Narzissen, Orchideen, Paradiesvogelblume, Prachtscharte, Riesenlauch, Rittersporn, Rohrkolben, großblütige Rosen
Blumen mit mittlerer Geltung	Kooperative Blumen Anemone, Herbstenzian, Levkoje, Nelken, Sonnenhut, Tee-Rosen	Prunkvolle Blumen Chrysanthemen, Dahlien, Flieder, Hortensie, Männertreu, Pfingstrose, Phlox, Schneeball
Blumen mit geringerer Geltung	Massenblüher Bergenie, Frauenmantel, Funkie, Herbstaster, Kamille, Leberbalsam, Ringelblume, Tagetes	Einzeln verarbeitet auch Maiglöckchen, Schlüsselblume, Schneeglöckchen, Veilchen

Aktive Bewegungen
(nach oben und zur Seite gerichtet)

1 Aufstrebend
Foto: Levkoje
außerdem: Eisenhut, Gladiole, Königskerze, Prachtscharte, Rittersporn, Stockmalve

2 Aufstrebend, entfaltend
Foto: Lilie
außerdem: Amaryllis, Flieder, Narzisse, Paradiesvogelblume, Schmucklilie

3 Aufstrebend mit rundem Endpunkt
Foto: Rose

außerdem: Gerbera, Kornblume, Nelke, Tulpe, Zinnie

4 Ausschwingend
Foto: Freesie
außerdem: Anthurie, Asparagus, Farn, Gartennelke, Orchidee, Silbereiche

5 Verspielt
Foto: Schleierkraut
außerdem: Duftschleier, Korkenzieherhasel, Wax-Flower

6 Brüchig
Foto: Kirschzweig
außerdem: Zweige von Apfel, Hartriegel, Schlehe, Zaubernuß

Passive Bewegungen
(nach unten gerichtet)

7 Sammelnd, lagernd
Foto: Ringelblumen
außerdem: runde Blätter, Bergenie, Chrysantheme, Dahlie, Fetthenne, Frauenmantel, Kamille, Koniferen, Lauch, Schafgarbe, Sonnenhut, Strandflieder

8 Abfließend
Foto: Efeu
außerdem: Fuchsschwanz, Zimmerjasmin, Trauerweide, Wilder Wein

Die Bewegungsformen der Blumen auf einen Blick (Erläuterung → Text oben).

Farben

Für die Farben von Blumen war das menschliche Auge von jeher empfänglich. Um noch einmal auf das Beispiel der Blumenwiese zurückzukommen: Angenommen, Sie spazieren am Rand einer blühenden Wiese entlang und Ihre Aufmerksamkeit wird plötzlich auf eine ganz bestimmte Blume gelenkt, dann hat dies mit großer Wahrscheinlichkeit nicht ihre Gestalt (Geltung) oder ihr Wuchs (Bewegung) bewirkt, sondern viel eher ihre Farbe.

Farben und Blumen

Viele Blumen werden von uns – aber auch von vielen Insekten – primär auf Grund ihrer Farbe wahrgenommen. Und daß dies so ist, liegt daran, daß Farben Empfindungen wecken und zu Assoziationen verleiten. Von vielen Menschen wird Gelb als warm, Rot als aggressiv und Blau als kalt empfunden. So ist es auch kein Wunder, daß schon seit Jahrhunderten viele Blumen in Verbindung mit einer speziellen Farbe für den Menschen Symbolwert erhielten. Man denke nur an die weiße Lilie des Mittelalters – das Symbol für jungfräuliche Keuschheit – oder an die rote Rose, deren Symbolgehalt uns bis heute geläufig ist.

Farben und Sträuße

Beim Binden von Sträußen ist jeder im Vorteil, der ein feines Farbempfinden hat. Aber keine Angst, wenn Sie unsicher sind! Welche Farben zusammenpassen, können Sie leicht lernen. Die folgenden Anmerkungen geben Ihnen dabei Hilfestellung.

◁ *Sommerlicher Strauß, ein apartes »Mitbringsel«.*
Gebunden aus bunten Sommerblumen und Gräsern.

Die Wirkung der Farben

Jeder Strauß führt durch seine Farben, die sich gegeneinander abgrenzen oder aneinander anpassen, eine Art Eigenleben. Starke Farbkontraste erzeugen Spannung und wirken anregend (→ Sträuße in gegenüberliegenden Farben, rechte Spalte), Sträuße in benachbarten Farben wirken sehr frisch und lebendig (→ Sträuße in benachbarten Farben, Seite 12) und Ton-in-Ton-Kombinationen (→ Sträuße Ton-in-Ton, Seite 13 und Farbfoto Umschlagseite 3) strahlen Ruhe und Harmonie aus. Bevor Sie also einen Strauß zusammenstellen, überlegen Sie einmal, welche Wirkung er erzielen soll – und das hängt nicht selten vom Anlaß (zum Beispiel Geburtstag, Hochzeit, Geburt) ab. Und bedenken Sie ein zweites: Ein aufgestellter Strauß tritt vor allem farblich in Wechselwirkung mit seiner Umgebung. Wählen Sie deshalb Farben, die in diese Umgebung hineinpassen.

Das »neutrale« Grün

Da es keine wirklich grünen Blüten gibt, wird Grün im Strauß durch das Beiwerk und die Stengel und Blätter der Blumen erreicht. Es gilt allgemein nicht als Kombinationsfarbe, sondern als »Farbneutrum«. Trotzdem kann ein Strauß unter Umständen – wenn zum Beispiel sehr viel grünes Beiwerk mit wenig roten Blumen verarbeitet wird – im Rot-Grün-Kontrast erscheinen, wobei in diesem Fall Grün als Kontrastfarbe empfunden wird.
Und umgekehrt kann das grüne Beiwerk auch eine harmonisierende Tendenz besitzen. Dies ist dann der Fall, wenn das Grün – zum Beispiel durch herbstliche Färbung – Nuancen von Rot oder Gelb enthält, die sich ihrerseits harmonisch in das Gelb oder Rot der Blüten (zum Beispiel Herbstastern) einfügen.
Ein weiteres Beispiel: Blau-grüne

Eukalyptuszweige werden in Verbindung mit Iris und Strandflieder ebenfalls als benachbarte Farben, also als harmonisch empfunden.

Die »Unfarbe« Weiß

Sie werden feststellen, daß auf dem Farbkreis (→ Foto, Seite 12) Weiß fehlt. Es gilt als die Abwesenheit jeglicher Farbe. Trotzdem gibt es weiße Blumen, und natürlich werden sie auch in Sträußen verarbeitet. Weiße Blüten können in jeden Strauß eingebunden werden, ohne die anderen Farbverhältnisse zu behelligen. Achten Sie nur darauf, daß die weißen Blüten keine gelbe Mitte haben (wie Margeriten); sie kann nämlich störend wirken.
Bei Sträußen Weiß-in-Weiß wird mit Nuancen gespielt. Sie haben sicher schon beobachtet, daß weiße Blüten unterschiedliche Tönungen besitzen. Suchen Sie deshalb für Sträuße, die in Weiß gehalten werden, Blüten, in die ein Hauch anderer Farben hineinspielt. Sie machen in einem weißen Strauß (→ Foto, Seite 5) den speziellen Reiz aus.

Sträuße in gegenüberliegenden Farben

Hier handelt es sich um Zusammenstellungen größter Farbkontraste. Was sind gegenüberliegende Farben? Gegenüberliegend bedeutet: Farben, die sich auf dem Farbkreis (→ Foto, Seite 12) genau gegenüberstehen.
Diese Farben werden auch Komplementärfarben genannt und bilden Kontraste wie Rot:Grün (dies entspricht auf unserer Empfindungsskala dem Gegensatz aktiv:passiv), Kress:Türkis (warm:kalt) oder Gelb:Violett (hell:dunkel). Spielen Sie doch auf dem Farbkreis weiter und stellen Sie neue Gegensatzpaare auf. Übrigens: Kress ist eine Farbe, die zwischen Orange und Rot liegt, sie wird auch als Rot-Orange oder Karminrot bezeichnet.

So wirken sie: Diese Sträuße erzeugen Spannung und wirken anregend. In richtiger Dosierung können sich Komplementärfarben gegenseitig intensivieren.

Beispiel: Schauen Sie sich einmal ein violettes Usambaraveilchen an. Zwischen den dunklen Blütenblättern blitzen dem Betrachter die kleinen gelben Staubgefäße förmlich entgegen. Auf einem hellen Untergrund wären sie kaum sichtbar. Durch den Kontrast Violett:Gelb (dunkel:hell) leuchtet das Gelb jedoch doppelt so stark.

Mein Tip: Wenn Sie Blumen in Komplementärfarben zum Strauß verarbeiten, achten Sie darauf, daß die beiden Farbanteile ungleichgewichtig sind. Nur so verstärken sie sich gegenseitig. Wenn Sie gleichviel Blumen von jeder Farbe wählen, ist das Auge überfordert, und es entsteht der Eindruck, als ob der Strauß flirrt.

Verwendung: Mit diesen starken Farbgegensätzen wird vor allem in formal-linearen Sträußen (→ Seite 47) gespielt.

Sträuße in benachbarten Farben

Diese farbintensiven Sträuße dürfen nicht mit den Ton-in-Ton-Sträußen (→ Seite 13) verwechselt werden.

Was sind benachbarte Farben? Es sind die Farben, die auf dem Farbkreis (→ Foto unten) nebeneinander liegen. Sie können bei jeder Farbe beginnen und beliebig im oder gegen den Uhrzeigersinn wandern. Ganz gleich, wie viele Farben Sie zusammennehmen, immer handelt es sich um benachbarte. Im Extremfall könnte man deshalb einen Strauß aus allen Farben des Farb-

Der Farbkreis – hergestellt aus natürlichen Blättern und Blüten.

kreises auch in diese Kategorie einordnen. Allerdings: Je mehr Farben Sie wählen, desto schwieriger wird die Auswahl und Anordnung der einzelnen Blumen und Farben.

Mein Tip: Für Anfänger ist es einfacher, wenn sie nicht mehr als drei Farben für einen Strauß wählen.

So wirken sie: Sträuße in benachbarten Farben wirken sehr frisch und lebendig. Dabei ist zu berücksichtigen, daß warme, helle Farben (gelb, rot) Fröhlichkeit ausstrahlen, während kalte, dunkle Farben (blau, violett) eher düster sind.
Verwendung: Mit diesen lebendigen Farben gestalten Sie vor allem vegetative (→ Seite 45) und alle aufgelockerten Straußarten (wie den tropfenförmigen Strauß, → Seite 39).

Mein Tip: Sträuße in benachbarten Farben können Sie in einer Blumenart zusammenstellen, wenn es sie in diesen Farben gibt. Eine relative Bandbreite an Farben finden Sie bei Zinnien, Dahlien, Rosen und Astern. Sie können aber auch unterschiedliche Blumen dafür nehmen, zum Beispiel gelbe Narzissen, goldgelbe Tulpen, orangefarbene Ringelblumen, maigrünen Lederfarn, gelbgrünes und grünes Beiwerk.

Sträuße Ton-in-Ton
Sehr harmonische, aber nicht immer einfach zu gestaltende Sträuße.
Was sind Ton-in-Ton-Farben? Diese Kombinationen finden Sie nicht auf dem Farbkreis. Gehen Sie jedoch von einer dieser Farben aus und stellen sie sich durch Weiß aufgehellt oder durch Schwarz abgedunkelt vor, schon haben Sie die ganze Ton-in-Ton-Palette für diese eine Farbe.
Ton-in-Ton-Farben können Sie natürlich von jeder Farbe des Farbkreises ausgehend bilden.

So wirken sie: Diese sogenannten Gleichklang-Sträuße sind sehr harmonisch. Sie wirken edel, vornehm und drücken Ruhe aus. (→ Foto Titelseite).
Verwendung: Am liebsten verwende ich diese Farbkombinationen zu feierlichen Anlässen. Es sind dann meist rundgebundene Sträuße (→ Seite 35 und 37) oder Struktursträuße (→ Seite 49). Gut eignen sich diese Farben auch für Trendsträuße (→ Seite 55).

Bunte Sträuße
Ihre Farben sind nicht willkürlich zusammengestellt, sondern bestehen aus harmonischen Dreier- oder Viererverbindungen der Farben des Farbkreises.
Beispiele für Dreifarbkombinationen
• Gelb (Freesien), Purpur (Iris), Ultramarin (Strandflieder)
• Gelb (Narzissen), Rot (Tulpen), Blau (Anemonen)
• Orange (Ringelblumen), Ultramarin (Strandflieder), Türkis (Bänder)
• Orange (Ringelblumen), Violett (Iris), Grün (Beiwerk)
Beispiele für Vierfarbkombinationen
• Goldgelb (Rosen), Purpur (Levkojen), Ultramarin (Strandflieder), Maigrün (Beiwerk)
• Orange (Ringelblumen), Rot (Tulpen), Blau (Anemonen), Grün (Beiwerk)
• Violett (Prachtscharte), Blau (Anemonen), Gelb (Trollblumen), Orange (Rosen)
• Türkis (Bänder), Gelb (Trollblumen), Orange (Ringelblumen), Ultramarin (Strandflieder)
So wirken sie: Diese Kombinationen drücken Freude und Lebendigkeit aus.
Verwendung: Farbzusammenstellungen wie diese eignen sich für alle freudigen Anlässe.
Ich arbeite in bunten Kombinationen gerne Sträuße mit aufgelockertem Umriß (→ Seite 39) oder Biedermeiersträuße (→ Seite 41).

Mein Tip: Je weiter die Farben auf dem Farbkreis auseinanderliegen, desto kontrastreicher wird der Strauß. Je näher sie beieinander liegen, umso harmonischer.

Strukturen
Der Blick auf die Persönlichkeit, die Wuchsform und die Farbe einer Blume genügt nicht immer, um ihre ganze Wirkung zu erfassen. Auch die unterschiedliche Oberflächenbeschaffenheit von Blüten und Blättern, die Struktur, spielt beim Gestalten eines Straußes eine wichtige Rolle.
Betrachten Sie einmal Blumen aus der Nähe: Sie werden feststellen, daß ihre Oberflächen unterschiedliche optische Wirkung haben, die uns zum Beispiel ledern, seidig, samtig oder auch metallisch vorkommen können. Diese Wirkungen sind Gestaltungsmittel, mit denen besonders in Struktursträußen (→ Seite 48) oder formal-linearen Sträußen (→ Seite 46) gespielt werden kann. Bei diesen beiden Straußarten wird durch gegensätzliche Strukturen zusätzlich Spannung erreicht. Wenn Sie einen harmonischen Strauß binden wollen, der Ruhe ausdrückt, achten Sie darauf, daß Sie gleichartige Strukturen verwenden.

Nichtpflanzliche Strukturen
Wer will, kann auch nichtpflanzliche Materialien im Strauß verarbeiten, wie Stoff, Wolle, Federn, Draht in Silber, Gold, Kupfer, Bänder, Spiegel, lackierte Äste und so weiter. Dies ist natürlich nicht jedermanns Geschmack, bringt jedoch zusätzlich so viel Reiz, daß sich ein Versuch lohnt. Ich verarbeite gern Draht mit Federn in Struktursträußen (→ Foto, Seite 48).

Die verschiedenen Strukturen von Pflanzen (Erläuterung → Text unten).

Unterschiedliche Oberflächen und ihre Wirkung

1 Metallische Wirkung
Foto: Blatt der Flamingoblume
(glatt, hart, fest, glänzend)
außerdem: Blüte der Bromelie und der Flamingoblume

2 Lederne Wirkung
Foto: Bergenienblatt
(mattglänzend, glatt)
außerdem: Fensterblatt, Kirschlorbeer und viele andere Blätter

3 Porzellan-Wirkung
Foto: Begonie
(wachsartig, elegant, zerbrechlich)
außerdem: Hyazinthe, Iris, Narzisse, Nelke, Rose, Tulpe

4 Gläserne Wirkung
Foto: Glockenblume
(brüchig, durchscheinend)
außerdem: Skabiose, Staudenrittersporn

5 Seidige Wirkung
Foto: Wicke
(zart, durchscheinend, duftig)
außerdem: Krokus, Malve, einjähriger Rittersporn

6 Samtige Wirkung
Foto: Blatt des Usambaraveilchens
(weich, haarig, wollig, flauschig)
außerdem: Frauenmantel, Goldlack, Küchenschelle, Löwenmäulchen, Weidenkätzchen

7 Rustikale Wirkung
Foto: Kiefernzapfen
(derb, rauh, grob, hölzern)
außerdem: Astern, Chrysanthemen, getrocknete Pflanzenteile

Beispiele für gegensätzliche Strukturen

• Seidig (Wicke, Krokus) – samtig (Wollgras, Weidenkätzchen)
• Samtig (Ranken der Columnee) – metallisch (Blüte der Flamingoblume)
• Porzellanen (Tulpe, Maiglöckchen) – rustikal (Zapfen, vertrocknetes Pflanzenmaterial)

Beispiele für harmonische Strukturen

• Rustikal (Aster, Schafgarbe) – samtig (Goldlack, Löwenmäulchen)
• Seidig (einjähriger Rittersporn) – gläsern (Skabiose, Glockenblume)
• Harmonisch wirken auch unterschiedliche Blumen mit gleicher Oberflächenstruktur (Hyazinthe und Maiglöckchen)

Schnittblumen pflegen und frischhalten

Für jede Art von Blumenstrauß, sei es ein ganz einfacher oder ein besonders festlicher, brauchen Sie nicht nur die richtigen Pflanzen in den passenden Farben und Formen, sondern Sie sollten auch wissen, wie Schnittblumen und Beiwerk vor dem Binden behandelt und versorgt werden müssen. Schließlich möchten Sie Ihren selbstgebundenen Blumenstrauß so lange wie möglich erhalten.

Blumen aus dem Garten

Das Frühjahr und der Sommer bringen in unseren Gärten ein reichhaltiges Angebot an verschiedenen Blumen und Blättern, die Sie ernten und zu einem Blumenstrauß verarbeiten können. Auf der Tabelle auf den Seiten 56 bis 59 finden Sie die Blühzeiten vieler beliebter Gartenblumen und außerdem Angaben, die Ihnen beim Gestalten eines Blumenstraußes helfen.

Blumen, die zu schnell welken: Dazu zählen Lupine, Akelei, Mohn, Schneeglöckchen, Krokus, Frauenhaarfarn, Heckenrosen, Wasserpflanzen und voll aufgeblühte Gehölze.

Wenn Sie diese Blumen verwenden, muß Ihnen klar sein, daß sie innerhalb von zwei oder drei Tagen verwelken.

Blumen aus der Natur

Wild wachsende Pflanzen aus Wiese, Feld, Wald und Flur können Sie natürlich auch zu Blumensträußen verarbeiten. Denken Sie jedoch daran, daß heute sehr viele Pflanzenarten unter Naturschutz stehen, sie zu pflücken oder zu schneiden also verboten ist. Möchten Sie einen Strauß aus Wildpflanzen binden, so rate ich Ihnen dringend, sich vorher in einem Bestimmungsbuch (→ Bücher, die weiterhelfen, Seite 63) zu informieren, welche Pflanzen zu den geschützten Arten zählen.

Noch eine große Bitte, die mir am Herzen liegt: Trampeln Sie nicht ganze Wiesen nieder. Die Blumen am Wegesrand sind ebenso schön wie die in der Wiesenmitte wachsenden.

Der Zeitpunkt für das Schneiden

Schneiden Sie Gartenpflanzen frühmorgens, am späten Nachmittag oder am Abend. Die heiße Mittagssonne läßt Schnittblumen in kürzester Zeit welken, und Sie müssen sehr viel Mühe und Zeit aufwenden, bis sich die Pflanzen wieder erholt haben. Durch das Trennen der Stiele kommen die Schnittlinge in eine Art »Streß-Situation«, denn der Schnitt bedeutet für sie eine Verwundung, zudem wird der Wasserstrom in der Pflanze unterbrochen.

Damit sie zwischen dem Schnitt und der Wasserversorgung in der Vase nicht leiden, ist der richtige Zeitpunkt für das Schneiden, die Tageszeit, sehr wichtig.

Mein Tip: Müssen Sie einmal eine große Menge Blumen schneiden, dann stellen Sie einen halb gefüllten Wassereimer in den Schatten, um dort Partie für Partie vorübergehend mit Wasser zu versorgen. So beginnen die frisch geschnittenen Blumen erst gar nicht zu welken.

Tips für das Schneiden

Werkzeug: Verwenden Sie nur ein scharfes Messer oder eine gute Gartenschere (Rebschere), die die Stengel schneidet, aber nicht quetscht (im Gartenfachhandel beraten lassen).

Blüte: Voll aufgeblühte Blumen, die womöglich schon beim Schneiden ihre Blütenblätter verlieren, sollten Sie nicht verwenden. Am besten eignen sich Knospen, die leicht aufgebrochen sind, so daß die Blütenfarbe gerade zu sehen ist. Völlig geschlossene Knospen gehen in der Regel nicht auf.

Schädlinge: Wenn Sie Schädlinge (wie Blattläuse, Weiße Fliege, Spinnmilben) im Garten haben, sollten Sie befallene Blumen nicht für Ihren Blumenstrauß verwenden. Sie können jedoch versuchen, die Schädlinge durch Abspritzen mit Wasser zu entfernen. Auf keinen Fall dürfen Sie unmittelbar vor dem Binden Pflanzenschutzmittel verwenden!

Verletzungsgefahr: Ziehen Sie Arbeitshandschuhe an, wenn Sie Rosen schneiden. Auch bei Pflanzen, die Saft absondern, sollten Sie aufpassen, daß der Saft nicht mit Ihrer Haut in Berührung kommt (schleimhautreizend), empfindliche Menschen tragen besser Handschuhe.

Wichtiger Hinweis: Die Vielfalt und Schönheit der Pflanzen läßt uns oft vergessen, daß es unter ihnen welche gibt, die giftig sind oder schleimhautreizende Stoffe absondern. Dies trifft auf alle Pflanzen zu, ob Wildpflanzen, Gartenpflanzen oder in Blumenläden gekaufte. In der Tabelle auf Seite 56 bis 59 sind diese Pflanzen gekennzeichnet. Giftige mit dem Symbol ☘, schleimhautreizende mit dem Symbol ▼. Achten Sie unbedingt darauf, daß Kinder oder Haustiere diese Pflanzen nicht essen, da sonst erhebliche gesundheitliche Störungen auftreten können. Denken Sie auch an die Verletzungsgefahr bei Pflanzen mit Stacheln oder Dornen. Schützen Sie Ihre Hände beim Schneiden dieser Pflanzen durch Handschuhe, und entfernen Sie vor dem Verarbeiten die Dornen oder Stacheln sehr sorgfältig (→ Seite 19). Falls Sie sich verletzen, gehen Sie im Zweifelsfall auch bei kleinen Verletzungen zum Arzt.

Der Blumenkauf

Den Gärtnern mit ihren Gewächshäusern und den Importen von Blumen aus fernen Ländern ist es zu verdanken, daß das Angebot in den Blumenläden das ganze Jahr über nur wenige Wünsche offen läßt. Einkaufsquellen: Auf Wochenmärkten, im Blumenfachhandel und in der Gärtnerei bekommen Sie sowohl die blühenden Pflanzen als auch das grüne Beiwerk. Dort und in Hobby- und Bastelläden gibt es auch die Hilfsmittel, die Sie für das Blumenbinden brauchen (→ Seite 20). In der Regel können Sie alle Pflanzenteile, die Sie für Ihren gewünschten Strauß benötigen, problemlos kaufen, wenn sie der Händler vorrätig hat. Sollte einmal ein Blumenhändler erklären, er verkaufe Beiwerk nur in gebundenen Sträußen, so dürfte das die Ausnahme sein.

Mein Tip: Machen Sie sich am besten eine Einkaufsliste anhand des »Lernspiels« (→ Seite 30), wenn Sie Ihre eigenen »Strauß-Ideen« verwirklichen möchten, oder notieren Sie sich die Pflanzen, die in den Straußbeschreibungen (→ Seite 34 bis 55) angegeben sind.

Darauf sollten Sie beim Blumenkauf achten

Blumen sind teuer, und der mit viel Liebe gestaltete Strauß soll lange halten.
Einen guten Blumenladen erkennen Sie daran, daß die Blumengefäße alle sauber sind. Außerdem sehen Sie an der Art, wie die Blumen präsentiert werden, ob der Händler sein Warenangebot gut pflegt. Welke Blumen und lieblos zusammengewürfeltes Blumenangebot sind keine gute Empfehlung. Ein guter Blumenhändler wird Ihnen auch Auskunft darüber geben, ob er Frischhaltemittel verwendet hat, denn dieses Mittel sollten Sie dann ebenfalls Ihren Blumen beigeben (→ Seite 20).
Bei der Haltbarkeit zwischen Garten- und gekauften Blumen gibt es kaum einen Unterschied – vorausgesetzt natürlich, die Blumen aus dem Laden sind frisch.

Frische Blumen erkennen

Es gibt einige Anhaltspunkte, mit deren Hilfe Sie selbst beurteilen können, ob Blumen frisch sind, so daß sie – bei guter Versorgung vor und nach dem Binden – so lange wie möglich halten:
Frische Blumen haben
• festes, nicht verwelktes Laub;
• saubere Stiele, sie dürfen nicht schmierig sein. Wurden Stiele alter Blumen mit der Bürste saubergeschrubbt, sieht man es: die Haut am Stengel ist nicht mehr vollständig. Ausnahme: Bei Rosen können durch das notwendige Entfernen der Stacheln Stücke der Haut fehlen.

Die Blüten sind ebenfalls ein Barometer für die Frische der Blumen.
Die Knospen von Rosen, Nelken und Blütengehölzen sollten leicht aufgebrochen sein, so daß man gerade eben die Farbe erkennt. Rosen nie zu knospig kaufen, denn diese kippen leicht, oder die Knospen öffnen sich nicht.
Bei allen Zwiebel- und Knollengewächsen sollte sich die Farbe der Blüten ebenfalls schon deutlich zeigen, zum Beispiel bei Tulpen, Narzissen, Iris, Gladiolen, Pfingstrosen, Lilien, Freesien, Amaryllis.
Korbblütler müssen voll erblüht sein. Achten Sie dabei auf das »Auge« der Blüte. Eine Gerbera zum Beispiel sollten Sie kaufen, wenn die gelben Staubblätter in der Mitte – im »Auge« – nicht mehr als zwei bis drei Ringe bilden. Sind fast alle Staubblätter offen, ist die Pflanze zu alt. Sind alle geschlossen, wirkt das »Auge« völlig grün oder braun; die Gerbera ist dann noch zu »jung« zum Verarbeiten – sie wird nicht lange halten. (Gedrahtete Gerbera sind nicht unbedingt alt.)
Weitere Tips zum Erkennen von frischen Blumen:
• Die bei der Gerbera beschriebene »Augenkontrolle« gilt für alle Korbblütler, so auch für verzweigte Chrysanthemen, Margeriten, Tagetes, Zinnien, Astern.
• Bei einstieligen Chrysanthemen erkennen Sie die Frische durch einen leichten Druck von oben auf die Blüte: die Blüte muß fest sein, dann ist sie frisch. Zu knospige Blüten entwickeln sich meist nicht richtig.

Ein Strauß für erhöhte Plätze. ▷
Gebunden aus Lilien, die mit Hilfe von Draht (→ Drahten, Seite 21) in die hängende Position gebracht werden, weißen Gerbera, verschiedenen Asparagus-Arten und Federn.

Üppiger Wiener Biedermeierstrauß – ein attraktives Geschenk für feierliche Anlässe.

• Farne halten am besten, wenn die Sporenbehälter auf der Blattunterseite zu sehen sind (sie sehen aus wie kleine braune Tupfen). Leider ist das nicht die Regel, deshalb soll die Farbe des Farns auf jeden Fall intensiv grün sein.

• Alles grüne Beiwerk sollte eine intensiv grüne Farbe haben und keine Flecken (braun, schwärzlich, gelb, weißlich) oder welke Stellen aufweisen.

• Schleierkraut und Septemberkraut sollten Sie voll erblüht kaufen.

Der richtige Transport von Blumen

Gartenblumen: Liegt der Garten beim Haus, sollten Sie die Blumen umgehend hineinbringen und ins Wasser stellen. Haben Sie Ihre Blumen gleich im Garten in einen Wassereimer gestellt, so lassen Sie den Eimer nicht zu lange draußen stehen.

Sind größere Strecken zwischen Garten und Haus zurückzulegen, dann werden die geschnittenen Blumen in ein festes Papier gelegt und stramm eingewickelt. Dadurch wird die Verdunstung verringert und das Welken abgeschwächt. Auf diese Weise können Blumen mehrere Stunden ohne Schaden transportiert werden.

Gekaufte Blumen sollten natürlich auch so rasch wie möglich mit Wasser versorgt werden.

• Im Sommer kaufen Sie besser nicht während der heißen Tageszeit. Ist dies jedoch nicht zu vermeiden, lassen Sie sich die Blumen gut einpakken. Allerdings nicht in Zeitungspapier, da es die Feuchtigkeit der

18

schwitzenden Schnittblumen auf-
saugt. Bei längeren Transporten
können die Stiele mit nassem Papier
umhüllt werden.
• Im Winter hingegen ist Zeitungspapier angebracht, am besten in
mehrere Lagen. Achten Sie darauf,
daß auch die Stiele mit eingepackt
sind.

Schnittblumen vorbereiten und richtig versorgen

Damit Blumensträuße länger halten,
müssen Schnittblumen nach dem
Kauf richtig versorgt werden.

Das richtige Werkzeug

Für die richtige Pflege von Schnittblumen brauchen Sie wenig, dafür
aber sehr gutes Werkzeug. Schlech-
tes oder falsches Werkzeug kann
die Haltbarkeit der Blumen verrin-
gern. Benützen Sie:
Ein Messer, das sehr scharf sein
muß und eine glatte, nicht zu lange,
aber feste Klinge hat, damit ein sau-
berer, glatter Schnitt am Stiel entsteht (→ Anschnitt, rechte Spalte).
Eine gute Gartenschere (Rebschere),
die glatt schneidet. Es gibt auch
Gartenscheren, die quetschen. Sie
sind jedoch nicht zu empfehlen.
Einen Hammer für harte, holzige
Stiele. Ich bevorzuge einen Gummi-
hammer, es geht aber auch mit einem ganz normalen, der allerdings
nicht allzu schwer sein sollte.
Eine Stecknadel mit farbigem Kopf
(damit man sie leicht wiederfindet,
wenn sie auf den Boden fällt) zum
Anritzen von Stielen.
Durchsichtiges Klebeband zum Um-
kleben von Stielenden. Sicher haben
Sie schon festgestellt, daß viele Blumen in der Vase immer kürzer werden. Das liegt daran, daß der Stiel
sich im Wasser aufwickelt. Umklebt
man – zum Beispiel bei der Amaryllis – das Stielende mit Klebestreifen,
kann das nicht passieren.

Überflüssige Blätter entfernen.

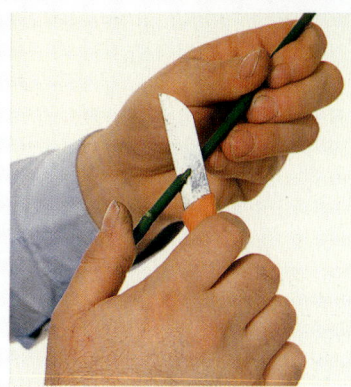

Blumenstiel richtig anschneiden.

Abblättern und Entdornen

Jedes weiche, grüne Pflanzenmaterial, das in das Vasenwasser kommt,
geht in einen Fäulnisprozeß über.
Das Wasser wird schlecht, trüb und
sauerstoffarm, und die Versorgung
der Schnittlinge hört auf.
Abblättern: Sowohl bei den blühenden Pflanzen als auch beim grünen
Beiwerk müssen deswegen alle
Blatteile, die nach dem Binden im
Wasser stehen, entfernt werden.
Auch lose Rindenfetzen müssen Sie
abnehmen. Abblättern können Sie
mit der Hand oder mit dem Messerrücken, nicht mit der Schneide; sie
kann die Pflanze verletzen.

Mein Tip: Beim Flieder entfernen
Sie am besten alle Blätter, bei Rosen
lassen Sie nur ein oder zwei Blatt-
stiele mit ihren Blättern stehen. So
halten diese Blumen länger.

Entdornen: Sind Dornen oder Stacheln an den Stielen, müssen zu-
mindest die Spitzen abgebrochen
und somit entschärft werden. Ich
empfehle Ihnen dringend, sie ganz
zu entfernen (vor allem die Stacheln
bei Rosen und sämtlichen Asparagus-Arten), da sonst beim Binden
die Verletzungsgefahr sehr groß ist.
Zum Entdornen und Entstacheln

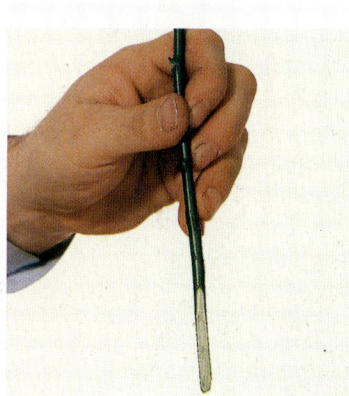

So sieht der richtige Anschnitt aus.

fahren Sie mit dem Messerrücken
von unten nach oben um den Stiel
herum.
Es genügt, wenn Sie den Stiel bis
zur Bindestelle freimachen.

Der Anschnitt

Nach dem Säubern der unteren
Stielteile wird angeschnitten. Jede
Blume und jedes Beiwerk, das einen
Stiel besitzt, muß einen langen
schrägen Schnitt mit einem scharfen
Messer bekommen, damit die Was-
seraufnahmefläche so groß wie
möglich ist. Niemals eine Schere
verwenden, denn die beste Schere

kann den sauberen Schnitt eines scharfen Messers nicht ersetzen. Bleiben beim Schnitt Rindenfetzen hängen, müssen diese sehr sorgfältig entfernt werden, da sonst das Wasser schneller schlecht wird.

Mein Tip: Stellen Sie die Blumen sofort nach dem Anschnitt in ein vorbereitetes Gefäß mit Wasser, da sonst die Schnittfläche antrocknet und die Pflanze dann kein Wasser mehr aufnehmen kann.

Pflege beim Anschnitt
Viele Schnittblumen benötigen zusätzlich zum Anschnitt besondere Pflegemaßnahmen:
- Holzige Stiele (zum Beispiel von Chrysanthemen und Gehölzen wie Flieder) leicht klopfen, aber nicht das Mark aus dem Stiel schlagen.
- Krautig harte Stiele (zum Beispiel von Levkojen, Sonnenblumen, Stockmalven) 3 cm bis 5 cm spalten.
- Weiche Stiele anritzen (nur Alpenveilchen und Christrosen).
- Stiele, die milchige Flüssigkeiten absondern, kurz in heißes Wasser tauchen, damit der Saft stockt (Weihnachtsstern, Mohn, Frauenhaarfarn, alle Wolfsmilchgewächse).
- Stiele, die eine schleimige Flüssigkeit absondern (wie Narzissen), werden ein bis zwei Stunden lang separat ins Wasser gestellt, bis der Ausfluß aufhört. Danach nicht mehr anschneiden! Ist der Schnitt nach dem Binden unumgänglich, dann unbedingt Frischhaltemittel für Frühlingsblumen in das Wasser geben, es neutralisiert den für andere Blumen giftigen Schleim. So kann man diese Blumen problemlos mit anderen kombinieren.
- Behaarte Stiele 10 Sekunden lang in kochend heißes Wasser eintauchen; die Haare sterben ab und können so im Frischwasser nicht faulen (viele Sommerblumen wie Zinnien, Sonnenblumen).

Welke Blumen auffrischen

Selbst Blumen, die beim Schnitt oder Kauf völlig frisch waren, können durch den Transport oder die Vorbereitungsarbeiten einmal die Köpfe hängen lassen. Zum Auffrischen gibt es mehrere Methoden:
Kochendes Wasser: Durch den Transport kann Luft in die Leitungsbahnen gelangt sein, was die Wasserversorgung behindert. Um die Luft zu entfernen, gibt es einen kleinen Trick, der darauf basiert, daß heißes Wasser Sauerstoff schneller bindet als frisches kaltes Wasser. Stellt man die Stiele nun zuerst in kochend heißes Wasser – für etwa 10 bis 20 Sekunden –, wird der Sauerstoff (die Luft) aus den Stielen gezogen. Anschließend die Blumen in zimmerwarmes Wasser geben (nicht in kaltes Wasser!).
Einwickeln und in Wasser stellen: Natürliches Welken wird noch gefördert durch Hitze oder falschen Transport (→ Seite 18). Bei welken Tulpen und Rosen hilft es, sie nach dem Anschnitt zwei Stunden lang Kopf an Kopf fest in Papier einzuwickeln, das Papier oben zu schließen und sie so tief wie möglich in Wasser zu stellen. Dies strafft die Stiele und bringt sie in den ursprünglichen Zustand. Bei Tulpen hilft diese Methode allerdings nur, solange die Stiele noch gerade sind. In der Vase »ausgewachsene« Tulpen verformen sich und lassen sich durch Einwickeln nicht mehr in ihre Urform zurückbringen.

Mein Tip: Regelmäßiges Anschneiden zögert das natürliche Welken hinaus.

Frischhaltemittel
Nährlösungen, wie sie im Blumenfachhandel angeboten werden, verbessern die Wasserqualität und versorgen die Schnittblumen zusätzlich mit Nahrung. Ich empfehle Ihnen, Pflanzenteile immer sofort nach dem Schnitt in die Nährlösung zu stellen. Beachten Sie dabei unbedingt die Anweisung auf der Packung. Eine Überdosierung bewirkt nämlich genau das Gegenteil vom gewünschten Frischhalteeffekt, das heißt, die Blumen werden rascher welk, weil die Flüssigkeit aus den Stielen gezogen wird.
Im Blumenhandel gibt es verschiedene Präparate:
- Frischhaltemittel für weichstielige Blumen (wie Nelken, Gerbera).
- Frischhaltemittel für hartstielige Blumen (wie Rosen, Flieder).
- Frischhaltemittel für Frühlingsblumen (Tulpen, Narzissen).

Mein Tip: Nachdem Sie die Blumen für das Binden vorbereitet haben, lassen Sie sie 2 bis 3 Stunden im Wasser stehen, damit sie sich erholen und richtig frisch werden.

Hilfsmittel und Techniken

Bevor Sie sich ans Binden von Sträußen begeben, ist es hilfreich, wenn Sie sich einige wenige Hilfsmittel anschaffen und sich mit ihrer Verwendung vertraut machen.

Hilfsmittel – Draht
Für das Blumenbinden brauchen Sie zweierlei Arten von Draht: blaugeglühten Steckdraht und grün ummantelten Stützdraht. Beide Sorten erhalten Sie in Bastel- oder Blumenfachgeschäften, im Eisenwarenhandel oder in Heimwerkermärkten. Es gibt sie in unterschiedlichen Stärken und verschiedenen Längen. Welche Stärke Sie verwenden, hängt von der Dicke des Blumenstiels oder der Blätter ab, die Sie verarbeiten

möchten. Wenn Sie sich einen kleinen Vorrat von 7er, 9er und 10er Drähten anlegen, sind Sie fürs erste gut ausgerüstet. Was die Drahtlängen angeht, so sind 35-cm- und 45-cm-Stücke immer richtig; falls es nötig ist, lassen sie sich durch Abzwicken leicht einkürzen.
Für feine leichte Blätter brauchen Sie dünneren Draht, den sogenannten Myrthe- oder Silberdraht.
Der feinste ist der Bouillon-Draht, den es in Gold, Silber oder farbig gibt. Er wird vor allen Dingen für Dekorationszwecke (zum Beispiel für das Binden von Gewürzsträußen) verwendet.

Blumen von innen stützen

Diese Technik wird angewendet, wenn der Stiel einer Blume zu schwach ist, ihre große oder schwere Blüte zu tragen, wenn Sie eine Blume im Strauß in eine bestimmte Richtung biegen oder eine geneigt wachsende Blume gerade in den Strauß einbinden möchten. Für all diese Zwecke brauchen Sie den grün ummantelten Stützdraht. Die Stärke des Drahtes richtet sich dabei nach der Stärke des Stengels. In der Regel werden Gerbera gedrahtet, alle andern Blumen nur dann, wenn es für die Gestaltung notwendig ist. Diese Technik läßt sich bei jeder Blume einsetzen, die einen hohlen Stengel hat.
So wird's gemacht: Den Draht von oben durch die Mitte der Blüte in den Stiel schieben. Dabei mit dem stumpfen Ende beginnen. Vorsichtig so lange schieben, bis der Draht nicht mehr sichtbar ist. Achten Sie darauf, daß das Ende des Drahtes in der Blüte bleibt.

Mein Tip: Am leichtesten geht es, wenn Sie den Draht beim Schieben zwischen den Fingern drehen, während die haltende Hand am Stengel auf der Höhe der Drahtspitze entlang wandert.

1

2

3

4

Stützen der Blätter des Beiwerks

Dafür wird in der Blumenbinderei der meiste Draht gebraucht, denn durch die Drahtung lassen sich die Blätter beim Binden in jede gewünschte Richtung biegen. Geeignet sind der grün ummantelte Stützdraht sowie der Myrthe- oder Silberdraht; die Drahtstärke richtet sich jeweils nach der Mittelrippe des Blattes und sollte immer um einiges dünner sein als diese. Auf diese Weise können Sie den Draht durch die Mittelrippe stecken, ohne daß er auf der Blattoberseite zu sehen ist (→ Fotos links).

So werden Blätter gestützt

1 Den Draht auf der Blattunterseite durch die Mittelrippe stecken. Nicht unmittelbar am Stengelansatz, sonst ist das Blatt nicht mehr biegbar.
2 Den Draht parallel zur Mittelrippe in Richtung Stengel biegen.
3 Ein Drahtende um den Stengel und um das andere Drahtende winden.
4 Das Blatt vorsichtig in die gewünschte Richtung biegen.

1

2

Andrahten

Durch diese Technik können Sie einen Stiel beliebig verlängern oder Pflanzenteile mit nur sehr kurzen Stengeln mit einem Stiel versehen. Angedrahtet werden vor allem Pflanzenteile, die nicht auf eine Wasserversorgung angewiesen sind, wie zum Beispiel Koniferen (→ Seite 42), Disteln, Strandflieder oder künstliche Materialien (wie Federn). Zum Andrahten wird der blaugeglühte Steckdraht verwendet.

Mein Tip: Da der Steckdraht im Blumenwasser schnell rostet, umwickeln Sie ihn mit Floristenband.

So wird angedrahtet

1 Die Pflanzen zu einem Sträußchen zusammenlegen und den Draht von unten so daran anlegen, daß Sie ein kurzes und ein langes Drahtende haben. Pflanzen und Draht mit Daumen und Zeigefinger festhalten.
2 Beide Drahtenden parallel zur Stengelrichtung biegen.
3 Das lange Drahtende um das kurze Drahtende und um die Stiele wickeln.
4 Wickelung und Draht von oben nach unten mit Floristenband umwickeln.

3

4

Blumen von außen stützen

Blumen mit festem Stengel erhalten am besten eine Stütze von außen. Dafür verwendet man ebenfalls den grün ummantelten Stützdraht. So wird's gemacht: Das spitze Drahtende neben dem Stengel von unten in den Blütenboden stecken und den Draht fest um den Stiel wickeln. Darauf achten, daß die Blätter nicht angewickelt werden.

Mein Tip: Vorsicht, daß Sie sich beim Umwickeln am unteren Drahtende nicht verletzen.

Draht kaschieren

Soll der Draht außen nicht mehr sichtbar sein, umwickeln Sie Draht und Stiel mit »Floristenband« (Floratape oder Guttakoll). Es ist in drei Farben (hellgrün, grün und braun) im Blumenfachhandel oder in Bastelgeschäften erhältlich. Wie der äußere Stützdraht wird es von oben nach unten um den Stengel gewickelt und zwar so, daß keine Falten am Stiel entstehen und die Blätter nicht an den Stengel gewickelt werden.

Hilfsmittel Bast

Das zweite unumgängliche Hilfsmittel zum Binden von Sträußen ist Bast. Sie können natürlichen oder künstlichen nehmen, den Sie ebenfalls im Blumenfachhandel, in Hobbymärkten, Bastelgeschäften oder Handarbeitsläden erhalten. Bast gibt es in vielen Farben.

Gefäße für den Strauß

Natürlich können Sie für Ihren Blumenstrauß jedes Gefäß nehmen, das Ihnen gefällt. Die Vielfalt der Möglichkeiten zeigt das Foto auf Seite 24. Ich möchte Ihnen nur einige Anregungen geben, die sich nach meinen persönlichen Erfahrungen als Florist bewährt haben:

- Um die Haltbarkeit des Straußes zu verlängern, sollte das Gefäß genug Wasser aufnehmen können. Ein üppiger Strauß verbraucht mehr Wasser, als man denkt.
- Die Öffnung des Gefäßes muß so groß sein, daß Sie den Strauß hineingeben können, ohne daß die Stengel gequetscht werden.
- Das Gefäß sollte sich gut reinigen lassen, um Fäulnisprozesse im Vasenwasser weitgehend zu verhindern.
- Das Gefäß sollte nicht im Vordergrund stehen, sondern sich dem Strauß unterordnen.
Bunte Vasen oder Vasen mit wunderschönen Ornamenten stehlen den Sträußen die Schau. Ebenso ist es mit extremen geometrischen Formen als Vase.
- Je schlichter das Gefäß ist, umso besser kommt der Strauß zur Geltung. Ich verwende zum Beispiel sehr gerne weiße Übertöpfe, kugelige Vasen, Krüge und andere großvolumige Gefäße, die zwar so schlicht wie möglich sind, aber durchaus aus wertvollem Material wie edlem Porzellan oder handgetöpferter Keramik bestehen können.
- Für den Floristen ist es ideal, wenn die Höhe der Blumen zur Vasenhöhe im Verhältnis 3 : 1 steht. Das ist aber nur ein Anhaltspunkt; ein kleiner Strauß in einer großen Vase wirkt sicherlich ebenso wenig attraktiv wie ein riesiger Strauß in einer winzigen Vase.

Mein Tip: Form, Farbe und Größe eines Gefäßes für Blumensträuße ist weitgehend Geschmackssache. Wer kleine Hilfestellungen möchte, findet in den Beschreibungen der einzelnen Strauß-Arten jeweils Vorschläge für das passende Gefäß.

Binden und Pflege des fertigen Straußes

Damit der Strauß die gewünschte Form vollendet behält und die Wasserversorgung sichergestellt ist, wird er gebunden und mit eingekürzten und angeschnittenen Stengeln in die Vase gestellt.

So wird zusammengebunden
- Binden Sie den Bindebast drei- bis viermal über der haltenden Hand um den Strauß, und verknoten Sie den Bast.
- Die Bindestelle muß so fest sein, daß der Strauß auch nach einem Transport seine Form behält.
- Die Bindestelle sollte so schmal wie möglich sein.

So wird angeschnitten
- Die Stengel müssen sowohl in als auch unter der Bindestelle absolut sauber sein, um Fäulnisprozesse im Wasser zu verhindern (→ Seite 19). Stengel, wenn nötig, vor dem Zusammenbinden säubern.
- Kürzen Sie die Stiele mit der Gartenschere alle auf gleiche Länge. Die Stiellänge unterhalb der Bindestelle sollte ungefähr ein Drittel der Straußhöhe betragen, kann aber auch kürzer sein.
- Nach dem Einkürzen schneiden Sie jeden einzelnen Stiel mit einem scharfen Messer schräg an – für das Frischhalten der Blumen ist dies sehr wichtig.

Die Wasserversorgung
Wenn Sie das Pflanzenmaterial für den Strauß schon von Anfang an mit Frischhaltemittel versorgt haben (→ Seite 20), müssen Sie auch für den fertigen Strauß dem Vasenwasser Frischhaltemittel zusetzen. Das verbrauchte Wasser wird dann nicht mehr erneuert, sondern Sie ergänzen es nach Bedarf mit frischem Wasser, das ebenfalls Frischhaltemittel erhält.

Andere Möglichkeit: Wenn die Pflanzen zuvor nicht mit Frischhaltemittel versorgt wurden, können Sie normales Leitungswasser in die Vase füllen. Dann sollten Sie aber die Stiele alle zwei Tage schräg anschneiden und das Vasenwasser völlig erneuern.
Ich empfehle Ihnen auch, die Vase bei jedem Wasserwechsel gründlich zu säubern (gut ausspülen, wenn Sie Spülmittel verwenden).

Wasser enthärten
Manche Blumen, vor allem Gerbera, halten länger, wenn sie in enthärtetem Wasser stehen. Enthärten können Sie Leitungswasser mit Hilfe eines speziellen Filters (im Haushaltswarenfachgeschäft erhältlich), oder indem Sie einfach einen Tropfen Spülmittel ins Vasenwasser geben.

Spezielle Tips für das Frischhalten der Sträuße

- Möglichst frisches Pflanzenmaterial verarbeiten.
- Vor dem Verarbeiten alle Blätter entfernen, die später in das Vasenwasser hineinragen könnten.
- Nach dem Schnitt oder Kauf, die Pflanzen erst verwenden, wenn sie sich vom Transport erholt haben (→ Auffrischen der Blumen, Seite 20).
- Dem Vasenwasser Frischhaltemittel beifügen.
- Wasser ohne Frischhaltemittel alle zwei Tage völlig wechseln und alle Stengel neu schrägschneiden.
- Den Blumenstrauß nachts kühl stellen.
- Den Strauß nicht in die direkte Sonne stellen.
- Zugluft vermeiden.
- Im Winter den Strauß nicht über die Heizung stellen.
- Den Blumenstrauß nicht dem Frost aussetzen (nicht unter 4°C).
- Einzelne verwelkte Blüten herausziehen oder herausschneiden.

Vasen und Hilfsmittel fürs Binden wie Steck- und Stützdraht (links), Bast und Rebschere (Mitte).

• Wenn möglich, täglich die Blätter besprühen – jedoch nicht die Blüten. Das Besprühen ist vor allem bei Rosen wichtig.
• Sträuße nicht neben Obst (Obstschale) stellen, da die Blumen sonst schneller welken.

Mein Tip: Ich trockne fast jeden Strauß. Die Blumen bekommen durch den Trocknungsprozeß interessante Formen und Farbnuancen.

Blumensträuße trocknen

Wenn Sie einen Strauß trocknen möchten, dann sollte er noch frisch sein. Es gibt zwei Möglichkeiten:
• Sie hängen den Strauß mit den Blüten nach unten an einem dunklen, luftigen Ort auf, bis er trocken ist.
• Die andere, von mir bevorzugte Art: Sie lassen den Strauß ohne Wasser in der Vase stehen, oder Sie legen ihn einfach in ein Regal. Bei dieser Methode kann es allerdings passieren, daß die eine oder andere

Blüte den Kopf hängen läßt. Ich gehe dieses Risiko gerne ein, weil es dann überraschende Variationen im Strauß gibt.

Mein Tip: Sehr gut zum Trocknen eignet sich der auf Seite 42 beschriebene Koniferenstrauß.

Grundkurse fürs Binden und Gestalten

Übung macht den Meister – das gilt auch fürs Binden und Gestalten von Blumen. Damit Sie rasch zum Meister werden, sollten Sie die nachfolgenden Grundkurse »absolvieren« – es wird Ihnen Spaß machen. Die Kursgebühren sind lediglich ein wenig Zeit und Geduld. Das Ergebnis: unbezahlbar, nämlich sich und anderen Freude schenken mit selbstgebundenen wunderschönen Blumensträußen.

Grundkurs Bindetechnik

Den Spaß am Binden verliert man schnell, wenn man die Blumen beim Binden nicht sicher in der Hand halten kann oder wenn der fertige Strauß nach allen Richtungen auseinanderfällt. Blumen beim Anordnen richtig und sicher in der Hand halten und richtig anordnen ist nämlich gar nicht so leicht, wie es bei geübten Floristen aussieht. Deshalb ist die Schritt-für-Schritt-Übung mit Bambusstäben auf Seite 26 die wichtigste grundlegende Übung für das erfolgreiche Blumensträußebinden.

Wenn Sie nämlich das richtige Halten und vor allem das spiralförmige Anlegen der Blumen nicht beherrschen, wird Ihnen kein Strauß gelingen.

Fassen Sie sich deshalb ein wenig in Geduld, und opfern Sie ein paar Pfennig für die Bambusstäbe und ein wenig Zeit für die auf den ersten Blick »langweilige« Übung. Und üben Sie öfter – auch mir ist diese Übung nicht beim ersten Mal gelungen.

Tips fürs Binden

Arbeitstip Nummer 1: Binden Sie immer im Stehen, Sie behalten so besser die Übersicht über den Strauß – hier sind's natürlich Bambusstangen, aber der Einfachheit halber spreche ich gleich vom Strauß.

Arbeitstip Nummer 2: Achten Sie darauf, daß Sie die Blumenstiele immer spiralförmig anordnen. Das spiralförmige Binden bewirkt, daß die Blumen sich in allen Richtungen gut einordnen lassen. Die Stiele dürfen sich nicht kreuzen, denn der Strauß wird gebunden in die Vase gestellt (→ Seite 23), und bei gekreuzten Stielen ist die Wasserversorgung der einzelnen Blüten nicht gewährleistet.

Arbeitstip Nummer 3: Legen Sie alles, was Sie für den Strauß benötigen, griffbereit auf einen Tisch. Nichts ist lästiger als die Suche nach einem Messer oder einer Schere, wenn man einen halbfertig gebundenen Strauß in der Hand hat.

Arbeitstip für Rechtshänder: Rechtshänder halten den Strauß (wie auf den Fotos auf Seite 26) in der linken, leicht geschlossenen Faust und legen mit der rechten Hand die Blumen an.

Sehr wichtig: Die Blumen werden gegen den Uhrzeigersinn eingesteckt.

Arbeitstip für Linkshänder: Linkshänder halten den Strauß in der rechten Hand und ordnen mit der linken ein, und zwar im Uhrzeigersinn.

Mein Tip: Erst wenn Sie mit den Stäben diese Grundtechnik des Bindens beherrschen, sollten Sie anfangen, mit Blumen zu üben.

Grundkurs fürs Gestalten

Einem fertig gebundenen Blumenstrauß sieht man nicht an, daß das Binden eines Straußes gar nicht so einfach ist. Wenn Sie die Grundtechnik des Bindens gut geübt haben, werden Sie die Sträuße auf den Seiten 34 bis 55 sicherlich erfolgreich nachbinden können.

Damit es jedoch nicht beim Binden nach Vorlage bleibt, vermittelt dieses Kapitel auch das Grundlegende für das Gestalten eines Straußes. So können Sie Ihre eigenen »Strauß-Ideen« verwirklichen, und auch bei der Wahl der Blumen können Sie »frei schalten und walten«.

Der Straußumriß

Blumenstrauß ist nicht gleich Blumenstrauß, und das liegt nicht nur an den unterschiedlichen Blumen, sondern auch am Gesamtbild eines Straußes, genauer gesagt an seinem Umriß.

Betrachten Sie sich einmal die Umrisse der auf den Seiten 34 bis 55 abgebildeten Sträuße. Sie werden feststellen, daß es Sträuße gibt, deren Umriß eine Halbkugel bildet. Die Halbkugel kann flach sein wie beim Biedermeierstrauß (→ Seite 41) oder höher wie bei dem Sommerstrauß auf der Umschlagvordersei-

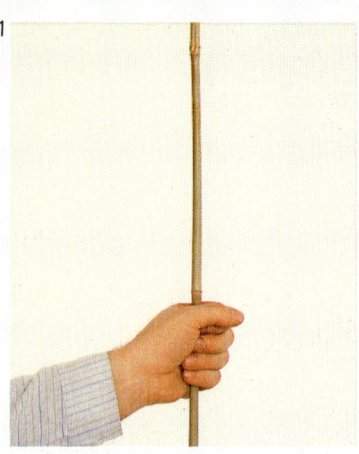

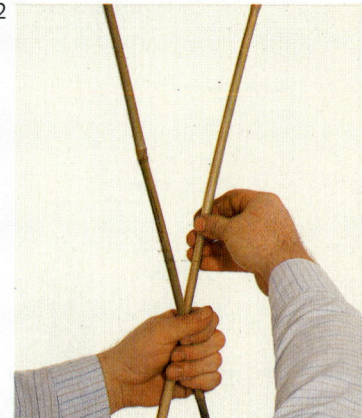

Bindetraining

So üben Sie Schritt für Schritt das richtige Anlegen der Blumen.

1 Machen Sie eine lockere Faust, und stecken Sie den ersten Stab hinein. Die Faust soll gerade so fest geschlossen sein, daß der Stab nicht durchrutscht.

2 Stecken Sie zwischen Hand und ersten Stab den zweiten entgegengesetzt dem Uhrzeigersinn.

3 Achten Sie beim Stecken der weiteren Stäbe darauf, daß der neue Stab immer zwischen Hand und die anderen Stäbe gesteckt wird, niemals durch die bereits in der Hand vorhandenen hindurchstekken, sonst entstehen Kreuzungen und nicht die notwendige Spirale. Beim Anordnen von Stäben im hinteren Bereich müssen Sie mit der ordnenden Hand um den Strauß herumgreifen und von hinten gegen den Uhrzeigersinn den neuen Stab zwischen Hand und Strauß stecken.

4 Binden Sie die Stäbe direkt über der Hand zusammen, so fest wie möglich, jedoch sollte die Bindestelle so schmal wie möglich sein. Sie sehen auf dem Foto, daß kein Stab den anderen kreuzt, sondern alle spiralförmig stehen.

te. Ich bezeichne die halbkugelige Form als Grundform des Straußes, denn daraus lassen sich die anderen Straußarten leicht erklären. So entsteht durch »Herausziehen« des Mittelbereiches eine andere Umrißform, nämlich die Tropfenform (→ Seite 39). Durch eine weitere »Streckung« der Mitte löst sich der Umriß immer stärker auf, und es entstehen so ungewöhnliche Formen wie der formal-lineare Strauß, bei dem die Rundung einer extrem hohen Mitte entgegensteht.

Die Symmetrie

All die bisher genannten Straußformen sind symmetrisch, also spiegelgleich. Wenn man nun einzelnen Bereichen des symmetrischen Straußes eine unterschiedliche Gewichtung gibt und Blüten statt wie vorher aus der Mitte seitlich herauszieht, wird der Strauß asymmetrisch. Auch hier gibt es natürlich mehrere Varianten. Beim vegetativen Strauß (→ Seite 45) ist die seitliche Verschiebung des Umrisses sehr gering, während Sie die Asymmetrie beim Trend- und Struktursträuß (→ Seite 55 und 49) deutlich erkennen können. Um diese unterschiedlichen Straußarten zu binden, müssen die Blumen in einer bestimmten Abfolge angeordnet werden.

Üppiger Strauß, ▷
eine Augenweide für alle, die rote Blumen mögen.
Gebunden aus Gerbera, Rosen, Margeriten und Schleierkraut (Anleitung → Seite 34).

1

2

Was Sie über das Anordnen der Blumen wissen sollten

Neben der richtigen Bindetechnik, die Sie mit Hilfe der Schritt-für-Schritt-Folge auf Seite 26 als erstes üben sollten, spielt das Anordnen der Blumen eine wichtige Rolle. Das Grundlegende dabei möchte ich Ihnen anhand eines Straußes mit geschlossenem Umriß vermitteln.

Mein Tip: Je besser Sie die Grundtechnik des Bindens und des Anordnens beherrschen, um so rascher gelingt es Ihnen, auch schwierige Sträuße nach Vorlage oder nach eigenen Ideen zu binden.
Und noch etwas: Wappnen Sie sich mit etwas Geduld, auch der geschickteste Mensch muß etwas üben, bis er Blumensträuße perfekt binden kann.

Die Anordnung der Blumen

Die drei Fotos zeigen das Anordnen der Blumen von oben betrachtet, um Ihnen die »Dreiecksbeziehungen« zwischen den Blüten zu verdeutlichen. Die Fotos sollen außerdem die nebenstehenden Grundregeln für einen symmetrischen, runden Strauß mit geschlossenem und aufgelockertem Umriß veranschaulichen.

1 Die oberste Blüte steht in der Straußmitte.
2 In gleichen Abständen werden drei Blüten um die oberste angeordnet. Verbinden Sie diese drei Blüten durch Linien miteinander, entsteht ein gleichseitiges Dreieck. Sie können es ausprobieren, indem Sie drei Papierstreifen auf das Foto legen.
Zwischen den Blüten entstehen drei Lücken.
3 In diese Lücken geben Sie die nächsten Blumen. So entstehen ein weiteres Dreieck und weitere Lücken, jetzt insgesamt sechs. Füllen Sie diese Lücken, die nächsten und so weiter, dann bekommen Sie mit der Zeit einen gleichmäßigen, runden Strauß.
In gleicher Weise verfahren Sie auch, wenn Sie gestaffelte Blumengruppen in einen Strauß ein-

3

ordnen (→ Grundregeln für einen symmetrischen Strauß mit aufgelockertem Umriß, Seite 29).

Grundregeln für einen symmetrischen Strauß mit geschlossenem Umriß

Machen Sie diese Übung mit ganz »einfachen« Blumen wie Nelken, Rosen oder Gerbera.
• Beginnen Sie mit der Blume, die später im Strauß am höchsten stehen soll; sie bildet immer die Straußmitte.
• Dann stecken Sie die nächste Blume etwas tiefer (als zweithöchste hinter die erste). Nun ordnen Sie die nächsten beiden Blumen rechts und links vor der höchsten so an, daß sie etwas tiefer stehen als die zweithöchste.
Denken Sie daran: Die Stengel müssen unbedingt spiralförmig angeordnet werden.
• Bevor Sie fortfahren, betrachten Sie sich einmal diese vier Blumen von oben: Die zweite, dritte und vierte Blume bilden von oben gesehen ein gleichseitiges Dreieck, in dessen Mitte die höchste Blume steht (→ Fotos links). Die nächsten

drei Blumen ordnen Sie nun an die drei Schenkel des (gedachten) Dreiecks, nämlich in die Lücken zwischen den bereits vorhandenen Stengeln.

- Sie erhalten so immer mehr Lücken, die Sie nacheinander mit Blumen oder Beiwerk füllen (→ Fotos Seite 28).
- Damit Sie die gewünschte symmetrische Form erreichen, müssen Sie die Blüten jeder Runde mehr oder weniger tief stecken (bei Halbkugelform wenig, bei Tropfenform mehr).
- Halten Sie den Strauß ab und zu etwas weiter von sich weg und überprüfen Sie so, ob der gewünschte Umriß entsteht. Korrigieren Sie durch Schieben oder Ziehen der Stengel.

Mein Tip: Muten Sie sich anfangs nicht zuviel zu, beginnen Sie am besten mit einer Blumenart in einer Farbe – gut zum Üben eignen sich zum Beispiel Gerbera, Nelken oder Rosen. So müssen Sie sich nur auf die Form des Straußes und nicht auf Farbkombinationen oder Artenzusammenstellung konzentrieren. Ihren nächsten Strauß binden Sie dann mit gleichartigen Blumen unterschiedlicher Farbe, bis Sie dann verschiedene Arten und schließlich auch noch verschiedene Farben miteinander verarbeiten.

Grundregeln für einen symmetrischen Strauß mit aufgelockertem Umriß

Ordnet man die Blüten in unterschiedlicher Höhe an (Staffelung), wird der geschlossene Umriß des Straußes aufgelockert und dadurch verspielter. Bei dieser Straußart gehen Sie nach dem gleichen Prinzip vor wie beim vorher beschriebenen Strauß mit geschlossenem Umriß. Die Auflockerung erreichen Sie, indem Sie statt einzelner Blüten Blütengruppen nehmen, die in sich

gestaffelt werden. So bilden zum Beispiel drei in unterschiedlicher Höhe angeordnete Rosen eine Gruppe. Ob Sie alle Lücken (→ Fotos Seite 28) mit gestaffelten Gruppen füllen oder abwechselnd Einzelblüten einbinden, bleibt Ihrem persönlichen Geschmack überlassen.

Beachten Sie beim Staffeln die Regel »Form kommt vor Farbe«, das bedeutet:
- Kleine Blüten beziehungsweise Knospen kommen unabhängig von der Farbe in einer gestaffelten Gruppe jeweils nach oben, größere nach unten, die größte Blüte oder Knospe sitzt in der Gruppe also ganz unten.
- Sind die Blüten alle gleich groß, doch in der Farbe unterschiedlich, kommen die hellen Farben nach oben, die dunkleren nach unten.

Was Sie bei der Gestaltung eines Straußes beachten sollten

- Entscheiden Sie sich als erstes für eine bestimmte Straußart. Schritt-für-Schritt-Anleitungen für elf attraktive Straußarten finden Sie auf den Seiten 34 bis 55.

Wenn Sie andere Blumen als angegeben nehmen möchten, sollten Sie auf folgende Dinge achten:
- Achten Sie beim vegetativen Strauß (→ Seite 45) auf die Geltungsansprüche (→ Seite 6 bis 8) der Blumen.
- Bei den dekorativen Sträußen (Seite 34 bis 39) sind die Bewegungsformen wichtig (→ Seite 8 bis 9).
- Der Strukturstrauß und der formal-lineare Strauß brauchen Gegensätze in der Oberflächenbeschaffenheit (→ Seite 13 bis 14) und geometrische Formen der Blumen, zum Beispiel die »Linie«, die beim formal-linearen Strauß (→ Strauß mit graphischer Wirkung, Seite 47) von den Prachtscharten gebildet wird.

Auch bei diesen Straußarten sollten Sie auf die Bewegungsformen achten.
- Wählen Sie die Zusammenstellung der Farben (→ Farben, Seite 11 bis 13).
- Vor allem, wenn Sie teure Blumen verarbeiten möchten, planen Sie Ihren Strauß erst einmal auf dem Papier. Das »Planspiel« auf Seite 30 und die umfangreiche Pflanzentabelle auf Seite 56 bis 59 helfen Ihnen dabei.

Mein Tip: Machen Sie sich eine Einkaufsliste, damit Sie nichts Unnötigen kaufen.
Und falls Sie Pflanzenmaterial übrigbehalten, werfen Sie es nicht weg, sondern verwenden Sie es für einen Mini-Strauß.

1

So wird ein Strauß geplant
1 Mit den aufstrebend entfaltenden Formen legen Sie den Umriß
fest.
2 Nach unten begrenzen Sie den
Strauß mit den ausschwingenden
Bewegungsformen.
3 In der Mitte werden dann je zwei
aufstrebende Bewegungsformen
gestaffelt dazugeordnet.
4 Mehr zur Seite kommen vier aufstrebende Formen mit rundem
Endpunkt.
5 Den Abschluß bilden die sammelnden Bewegungsformen.

2

3

4

5

Blumensträuße planen

Hinter dieser Überschrift steht
nichts anderes als ein kleines Spiel,
mit dem Sie ganz leicht Sträuße pla-
nen können. Alles was Sie brauchen, sind ein Blatt Papier und ein
Bleistift, und die Symbole für die
Bewegungsformen (→ Seite 9) sollten
Sie kennen. Zum Üben zeichnen Sie
das in den nebenstehenden Fotos
gezeigte Beispiel am besten einmal
nach.
Gehen Sie in folgenden Schritten
vor:
• Welche Straußart möchten Sie ge-
stalten?
Im Beispiel ist es ein dekorativer
Strauß.
• Welchen Umriß hat die gewählte
Straußart?
Beim dekorativen Strauß gibt es die
runde Form (→ Seite 37) und die
Tropfenform (→ Seite 39), mit ge-
schlossenem oder aufgelockertem
Umriß.
Für das Beispiel habe ich die runde,
aufgelockerte Form gewählt.
• Wie ist die Form?
Meist symmetrisch, wie in diesem
Beispiel.
• Welche Merkmale besitzt der
Strauß?
Für den dekorativen Strauß benöti-
gen Sie drei Bewegungsformen, für
das Beispiel habe ich fünf gewählt,
nämlich: aufstrebend, aufstrebend
entfaltend, aufstrebend mit rundem
Endpunkt, ausschwingend und sammelnd.
• Mit Hilfe dieser Skizze können Sie
jetzt leicht die Blumen auswählen.
Jedes Symbol steht für eine Blume,
wenn der Strauß größer sein soll,
multiplizieren Sie jedes Symbol mit
der gleichen Zahl.

- Wenn Sie nun die Symbole des Straußes in Blumen »umwandeln«, könnte er aus folgenden Blumen bestehen:

⊤ 4 Lilien (aufstrebend entfaltend)

↑ 4 Sommerrittersporn (aufstrebend)

⚲ 4 Rosen (aufstrebend mit rundem Endpunkt)

◎ 3 Dahlien (sammelnd)

⌐ 4 Farnwedel (ausschwingend)

In der Pflanzentabelle auf Seite 56 bis 59 sind die Bewegungsformen vieler beliebter Blumen angegeben, so daß Sie ganz leicht Ihre Lieblingsblumen zum Strauß zusammenstellen können.

Mein Tip: Wer nicht gerne zeichnet, kann die Symbole der Bewegungsformen auf einen Karton übertragen und ausschneiden (→ Fotos Seite 30). Anzahl der ausgeschnittenen Symbole, die Sie zum Planen benötigen: 6 aufstrebend entfaltende, 6 aufstrebende, 6 aufstrebende mit rundem Endpunkt, 4 ausschwingende, 4 sammelnde, 1 verspielte, 1 brüchige. Die beiden letztgenannten Bewegungsformen brauchen Sie zum Beispiel für die Gestaltung eines formal-linearen Straußes (→ Seite 47).

Die schönsten Sträuße selber binden

Blumensträuße selber binden bedeutet, sich oder anderen eine Freude machen. Dabei können Sie aus dem Vollen schöpfen, denn die Auswahl an Blumen ist groß und Straußarten gibt es für jeden Geschmack und jeden Anlaß – vom einfachen rundgebundenen Strauß über liebliche Biedermeiersträuße bis hin zum üppig eleganten Trendstrauß.

Erläuterungen zu den Straußbeschreibungen

In diesem Kapitel finden Sie typische Beispiele für die attraktivsten Straußarten. Schritt-für-Schritt-Foto-Folgen und leicht verständliche Anleitungen machen das Selberbinden leicht.
Die kleinen Fotos zeigen Schritt-für-Schritt die wichtigsten Entstehungsphasen des Straußes.
Der Text zu den kleinen Fotos erläutert präzise jeden Binde-Schritt.
Das große Foto zeigt den fertig gebundenen Strauß in der dazu passenden Vase.

Die unterstrichenen Stichwörter
Im Einleitungstext sind die wichtigen Gestaltungsmerkmale sowie die floristische Fachbezeichnung genannt.
Die Farben: Die Wirkung der verwendeten Farben und andere mögliche Farbkombinationen werden erklärt.
Die Blumen: Angegeben sind die Anzahl der Blumen und – mit Symbolen – ihre Bewegungsform. (Erklärung der Symbole → Seite 32). Die

Bewegungsformen dienen einerseits als Hilfe für die Verarbeitung, andererseits können Sie so problemlos die Straußart mit Blumen eigener Wahl nachbinden. Auch haben Sie so die Möglichkeit, einzelne Blumenarten gegen andere mit gleicher Bewegungsform auszutauschen (→ Pflanzentabelle, Seite 56 bis 59). Die Mengenangaben sind Empfehlungen für einen beispielhaften Strauß, Sie können natürlich jeden Strauß größer oder kleiner binden.
Das Beiwerk: Unter diesem Stichwort finden Sie ebenfalls Angaben über die Anzahl der Pflanzen und deren Bewegungsformen.
Die Vase: Genannt sind hier Form oder Material von Vasen und Gefäßen, die besonders gut zu dem beschriebenen Strauß passen.
Weitere Pflanzenkombinationen: Sie finden hier Vorschläge, mit welchen Blumen und welchem Beiwerk Sie den beschriebenen Strauß optimal gestalten können. Es soll eine kleine Hilfe sein für alle jene, die sich zunächst noch nicht so recht getrauen, die jeweilige Straußart mit Blumen eigener Wahl zu binden.

Erläuterungen zur Pflanzen-tabelle

In der Tabelle auf Seite 56 bis 59 finden Sie übersichtlich aufgelistet Blumen und Beiwerk, die sich gut fürs Sträußebinden eignen. Typisches Beiwerk ist gekennzeichnet. Angegeben sind die deutschen und die botanischen Namen, außerdem der Zeitpunkt, wann die Pflanzen im Garten vorhanden oder im Handel erhältlich sind. Aufgeführt sind auch die Geltung und die Bewegungsformen der Blumen, um Ihnen eine Gestaltungshilfe für eigene »Strauß-Ideen« zu geben.
Das Symbol 🜊 kennzeichnet giftige Pflanzen;
das Symbol ▼ besagt daß diese Pflanze schleimhautreizende Stoffe absondert (→ auch »Wichtige Hinweise«, Seite 4) beziehungsweise Hautallergien auslösen kann.

Die Bewegungsformen – Erklärung der Symbole

 Aufstrebend

Aufstrebend entfaltend

 Aufstrebend mit rundem End punkt

 Ausschwingend

 Verspielt

Brüchig

 Sammelnd, lagernd

 Abfließend

Schnittblumen und Beiwerk. ▷
Aus diesem Pflanzenmaterial wurden die Sträuße, die in diesem Buch abgebildet sind, gebunden. Alle Sträuße hat der Autor selbst angefertigt.

Der einfache Strauß

1

2

3

4

1 Ordnen Sie in der locker geschlossenen Faust drei Zinnien
mit geringfügigem Höhenunter-
schied an.

2 Gruppieren Sie die nächsten Zin-
nienstiele so in der Hand, daß
diese sich nicht überschneiden.
Stecken Sie wie beim Bindetraining (→ Seite 26) die Blumen zwischen Hand und Strauß. Achten
Sie bei diesem Strauß vor allem
auf die richtige Technik, da die
Form sehr einfach ist und die Blüten nur geringe Höhenunter-
schiede haben.

3 Stecken Sie zur Auflockerung
zwischen die Zinnien verzweigte
Margeriten. Gehen Sie dabei so
vor, wie in Schritt 2 beschrieben.

4 Komplettieren Sie den Strauß,
indem Sie Salvien und die restlichen Zinnien und Margeriten
dazustecken. Überprüfen Sie zwischendurch den Straußumriß; er
soll gleichmäßig rund, mit wenig
Höhenunterschieden gestaltet
sein. Den fertigen Strauß mit
Bast über der haltenden Hand
binden und jeden Stiel schräg
anschneiden.

Dieser einfache Strauß ist eine gute
Übung für den Anfänger. Man bekommt damit die Sicherheit für die
anderen folgenden Sträuße, die etwas schwieriger zu binden sind. Ar-
beiten Sie diese einfache Strauß-
form immer symmetrisch ohne be-
deutende Staffelung.

Die Farben: Alle Farbkombinationen
sind möglich. Ich habe hier Nachbarfarben von Rotviolett bis Purpur
verwendet, die bis ins Weiß aufgehellt sind. Einen kleinen Kontrast
zum Violett bilden die gelben Mit-
ten der Margeriten.

Die Blumen: Sie können den Strauß
mit einer oder vielen Blumensorten
gestalten. In diesem Strauß sind
verarbeitet:

15 rote und purpurfarbene
Zinnien

7 weiße verzweigte Marge-
riten

15 violette Salvien

Die Vase: Zu kleinen, zierlichen
Sträußen passen besonders gut ku-
gelförmige Vasen. Zylindrische oder
urnenförmige Gefäße sind ebenfalls
geeignet.

Mein Tip: Zinnien und andere behaarte Gartenblumen halten länger,
wenn Sie die Stiele 10 bis 15 Sekunden lang in kochendes Wasser
tauchen.

Weitere Pflanzenkombinationen:
• Nelken mit Asparagus und
Kirschlorbeer.
• Dahlien oder andere Garten-
blumen mit Gräsern, Blättern oder
Farn.

Der füllige Strauß

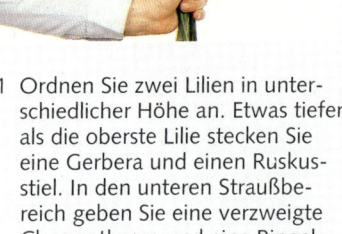

1. Ordnen Sie zwei Lilien in unterschiedlicher Höhe an. Etwas tiefer als die oberste Lilie stecken Sie eine Gerbera und einen Ruskusstiel. In den unteren Straußbereich geben Sie eine verzweigte Chrysantheme und eine Ringelblume.
2. Wiederholen Sie Schritt eins so oft, bis Blumen und Ruskus verbraucht sind, wobei Sie nur bei jeder zweiten Wiederholung eine Chrysantheme einbinden. Achten Sie darauf, daß ein halbkugelförmiger Umriß entsteht (→ Foto rechts).
3. In den Außenbereich binden Sie gefärbte Salalblätter.
4. Als Abschluß ordnen Sie zwischen die Salalblätter die Palmwedel ein. Den Strauß dann mit Bast über der Hand binden und jeden Stiel schräg anschneiden.

Der füllige Strauß heißt in der Fachsprache »dekorativer Strauß«. Sein Umriß ist geschlossen, fast kugelig. Er ist symmetrisch gebunden.

Die Farben: Um die ruhige Form des Straußes zu unterstreichen, habe ich miteinander harmonierende Nachbarfarben gewählt, nämlich Gelb, Goldgelb, Orange und Rot.

Die Blumen: Sie benötigen prächtig wirkende Einzelblumen.

- 10 orangefarbene Lilien
- 15 gelbe Gerbera
- 10 orangefarbene Ringelblumen
- 5 gelbe verzweigte Chrysanthemen

Das Beiwerk: Es gibt diesem Strauß in der Vase Halt.

- 9 Palmwedel (Chicolaub genannt)
- 6 Stiele rot gefärbter Salalblätter
- 9 Stiele Ruskus

Die Vase: Gut passen ein einfacher weißer Blumenübertopf (→ Foto rechts), ein brauner Tonkrug oder ein innen lasierter Terrakottatopf.

Mein Tip: Die Vase nur zu einem Drittel, maximal 10 cm hoch, mit enthärtetem Wasser füllen. Jeden dritten Tag Stiele schräg anschneiden und Wasser wechseln.

Weitere Pflanzenkombinationen:
- In Farben von Gelb bis Rot – Fakkellilien mit Zinnien und Dahlien; als Beiwerk Kirschlorbeer und Spireen.
- In Blautönen – Iris mit Skabiosen, Schnitt-Leberbalsam und blauer Strandflieder; als Beiwerk blauer Eukalyptus und Funkienblätter.

Der tropfenförmige Strauß

1   2   3

1 Beginnen Sie mit einer Lilie, sie
bildet später den höchsten Punkt
des Straußes. In den unteren
Bereich geben Sie Solidaster als
Füllmaterial.

2 Ordnen Sie in gleicher Höhe wie
die Lilie einen Schachtelhalm
dazu. Rechts und links davon,
etwas tiefer, kommen kleinblütige verzweigte Chrysanthemen und dazwischen Solidaster
zum Füllen.

3 Um eine gute Tropfenform zu
erzielen, sollen die Abstufungen
der Blumen im oberen Bereich
größer sein als unten. Überprüfen
Sie zwischendurch den Umriß,
wenn Sie Lilien, Solidaster,
Schachtelhalm und Chrysanthemen abwechselnd spiralförmig
einordnen.

4 Die Ruskusstiele stecken Sie im
unteren Straußbereich zwischen
die Blumenstiele, und den Abschluß bilden Sie mit den Salalblättern und dem Lederfarn.
Sie sollen abwechselnd eingeord-
net und ausschwingend verarbeitet werden. Den Strauß mit
Bast über der Hand binden und
jeden Stiel schräg anschneiden.

4

Dieser Strauß in Tropfenform ge-
hört zu den dekorativen Sträußen.
Seine Wirkung ist ruhig und verhal-
ten, obwohl der Umriß nicht so geschlossen ist wie beim fülligen
Strauß (→ Seite 37). In der Regel
wird die »Tropfenform« symmetrisch gearbeitet.

Die Farben: Um die ruhige Wirkung
des Straußes zu unterstreichen,
habe ich bei den Blumen Ton-in-
Ton-Farben gewählt. Das sattgrüne
Beiwerk unterstreicht die zarten
Blumenfarben.

Die Blumen:

10 cremefarbene Lilien
10 weiße kleinblütige ver- zweigte Chrysanthemen
7 gelbe Solidaster

Das Beiwerk:

7 Stiele Schachtelhalm
12 Stiele Ruskus
6 Stiele Salalblätter
7 Lederfarnwedel

Die Vase: Sie darf nicht zu klein
sein, die vielen Blüten brauchen
ausreichend Wasser. Gut passen
ovale, zylindrische oder urnenförmige Gefäße.

Weitere Pflanzenkombinationen:
• In Rosatönen – Sommerrittersporn, mit verzweigten Rosen, rosa
Strandflieder, dazu Gräser und ver-
schiedenes grünes Beiwerk.
• In Weiß – Ixien, Rosen, Chrysanthemen, Margeriten, Gräser und
grünes Blattwerk.

Der Biedermeierstrauß

1

2

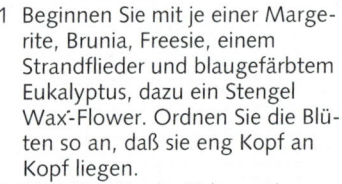

3

1 Beginnen Sie mit je einer Marge-
rite, Brunia, Freesie, einem
Strandflieder und blaugefärbtem
Eukalyptus, dazu ein Stengel
Wax-Flower. Ordnen Sie die Blü-
ten so an, daß sie eng Kopf an
Kopf liegen.

2 Verteilen Sie die übrigen Blumen
gleichmäßig rundum, indem Sie
die Stiele in die entstehenden
Lücken zwischen zwei Stielen
stecken. Achten Sie darauf, daß
die Blumen immer dicht Kopf an
Kopf liegen.

3 Halten Sie den Strauß immer wieder etwas von sich weg, damit
Sie überprüfen können, ob die
Blumen annähernd gleichmäßig
verteilt sind und der Strauß die
gewünschte kugelige Form bekommt. Korrigieren Sie die Form
durch leichtes Ziehen oder Schieben der Stiele.
Den Abschluß, die bekannte
»Biedermeiermanschette« bilden
Sie hier aus blaugefärbtem Eukalyptus. Sie können aber auch die
»klassische« Papiermanschette
anbringen. Den Strauß über der
Hand mit Bast binden.

Rundgebundene, kompakte, kleine
oder auch größere Gebinde werden
in der Fachsprache als Biedermeiersträuße bezeichnet. Trotz ihrer
strengen symmetrischen, kugeligen
Form wirken sie heiter und lieblich,
wenn zarte und kleinere Blumen
darin verarbeitet sind. Eine festliche
Ausstrahlung hat der Wiener Biedermeierstrauß aus Nelken, Rosen
und Strandflieder (→ Seite 18). Die
Blumenauswahl und die Größe sind
beim Biedermeierstrauß nahezu un-

beschränkt. Als Geschenk macht ein
kleiner zierlicher Strauß ebensoviel
Freude wie dieses stattliche »win-
terliche« Koniferengebinde.

Mein Tip: Verwenden Sie für
Biedermeiersträuße runde Blüten-
formen – aufstrebend mit rundem
Endpunkt und sammelnde – unterschiedlicher Größe. Der geschlossene Umriß wirkt dadurch interes-
santer.

Die Farben: Sie können den Strauß Ton in Ton oder wie hier in der Harmonie der Nachbarfarben gestalten.

Die Blumen: Durch das enge Kopf-an-Kopf-Legen brauchen Sie eine ganze Menge Blumen. In diesem Strauß sind verarbeitet

🌼 10 weiße Margeriten

🌼 10 blaugefärbte Brunia

↱ 10 violette Freesien

◎ 5 violette Strandflieder, Seitentriebe je nach Stiellänge einzeln verarbeiten

Y 2 Bund Wax-Flower (je 5 Stiele), Seitentriebe je nach Stiellänge einzeln verarbeiten

Das Beiwerk:

◎ die Nebentriebe der Margeriten als Füllmaterial

↑ 15 Stiele blaugefärbter Eukalyptus

Die Vase: Gut passen bauchige, niedrige Gefäße oder ein einfacher Blumenübertopf.

Weitere Pflanzenkombinationen:
• Im Frühjahr – Gänseblümchen, Vergißmeinnicht, Schlüsselblumen, dazu runde Blätter der Bergenie. Dazu passen gut die Papiermanschetten.
• Im Herbst – Astern, Hagebutten, Rainfarn, dazu buntgefärbte Blätter.

Der Koniferenstrauß

Der Koniferenstrauß mit seinem geschlossenen halbkugeligen Umriß zählt zu den Biedermeiersträußen. Er ist ein attraktiver und auch recht dauerhafter Tischschmuck.

Mein Tip: Noch dauerhafter ist der Strauß, wenn Sie ihn trocknen. Umwickeln Sie die erste Bindestelle mit Draht (→ links, Schritt 2) dann können Sie die verwelkten Frischblumen immer wieder ersetzen, bis der »Rohling« trocken ist. Die letzten Frischblumen lassen Sie dann einfach im Strauß trocknen.
Wie alle Trockengebinde sollten Sie den Strauß nicht mehr so oft bewegen, sonst »nadelt« er wie ein trockener Weihnachtsbaum.

Die Farbe: Bei diesem Strauß sind die Grüntöne vorherrschend. Sie können den Strauß sowohl in einheitlichem Grün als auch – wie hier – in verschiedenen Grüntönen gestalten.
Ich habe Gelb- und Blaugrün gemischt, um mehr Farbigkeit zu erzielen. Die cremefarbenen und rosa Blüten sind auflockernde, dekorative Farbtupfer.
Die Pflanzen: Sie benötigen von jeder grünen Pflanzensorte ungefähr fünf bis sieben etwa 8 bis 10 cm lange Sträußchen.
Für die Sträußchen nehmen Sie jeweils zwei bis fünf kleine Einzeltriebe zusammen und drahten Sie an (→ Seite 21).
Wichtiger Hinweis Seien Sie beim Einstecken der gedrahteten Pflanzen vorsichtig, damit Sie sich an den Drahtenden nicht verletzen!

Im abgebildeten Strauß sind verarbeitet:

1 Beginnen Sie mit einem Sträußchen Kapp-Grün, um das Sie je einen Büschel blau- und gelbgrünen Lebensbaum, Eibe und Buchs anordnen.
2 Nun stellen Sie den »grünen Rohling« fertig: Die 25 bis 35 Grünbüschel und das Kapp-Grün ordnen Sie so zu einem halbkugeligen Biedermeierstrauß, daß die verschiedenen Grüns gleichmäßig verteilt sind. Binden Sie den »Rohling« mit Wickeldraht.

3 Die Rosen stecken Sie von oben – möglichst gleichmäßig verteilt – in den Strauß.
4 Strandflieder, Brunia und die Strohblumen verteilen Sie gleichmäßig – ebenfalls von oben einstecken. Als Abschluß verarbeiten Sie Koniferengrün nach außen schwingend wie eine Manschette um den Strauß. Den Strauß nochmals binden, diesmal mit Bast. Dann Stiele einkürzen und schräg anschneiden.

⊚	5 bis 7 Sträußchen blaugrüner und gelbgrüner Lebensbaum (Thuja)
⊚	5 bis 7 Sträußchen Eibe (Vorsicht giftig, nicht verwenden, wenn Kinder im Haushalt!)
⊚	5 bis 7 Sträußchen Buchs
⊚	5 bis 7 Sträußchen Kapp-Grün
⌱	10 cremefarbene Rosen (total entblättert und entdornt)

⊚	1 Bund rosafarbener Strandflieder
⌱	10 rosafarbene Brunia
⌱	15 kleine rosafarbene Strohblumen mit Stiel oder angedrahtet

Die Vase: Den sehr rustikal wirkenden Strauß habe ich in einen Schmalzkrug gestellt (→ Foto oben). Gut passen auch niedrige Tonkrüge mit großer Öffnung oder schlichte Blumenübertöpfe aus Ton.

Weitere Pflanzenkombinationen:
• Für den »Rohling« unterschiedlich blaugrüne oder einheitlich blaugrüne Koniferen verwenden, dazu vergoldete Zapfen, gelbe Rosen und die braunen Fruchtstände des Sonnenflügels.
• Den »Rohling« aus unterschiedlich gelbgrünen oder aus einheitlich gelbgrünen Koniferen anfertigen, dazu violette Anemonen, kleine blaue Glaskugeln und kleine rote Moosrosen.

Der vegetative Strauß

1 Beginnen Sie mit vier Löwenmäulchen, die Sie unterschiedlich
  hoch anordnen (staffeln). Damit
  die ersten Stiele Halt bekommen,
  stecken Sie eine Sedumblüte tief
  in die Basis.
2 Ordnen Sie nun zu den Löwenmäulchen die aufstrebenden Gräser. In die Basis auf der Strauß-
  vorderseite kommen zwei Strand-
  fliederzweige und eine Aster, die
  ein wenig über der Sedumblüte
  eingebunden werden.
3 Hinter die Löwenmäulchen gruppieren Sie unterschiedlich hoch je
  drei Rosen und Verbenen. In die
  Basis auf der Straußrückseite
  kommen je zwei Astern, Strand-
  fliederzweige und Sedumblüten.
4 Ordnen Sie auf der rechten
  Straußseite einige Astern, Rosen,
  Salvien, ausschwingende Gräser
  und eine Sedumblüte unterschiedlich hoch an.
5 Auf der linken Straußseite gruppieren Sie die restlichen Blumen
  und Gräser. Richtig gestaffelt ist
  der Strauß, wenn alle Blüten unterschiedlich hoch stehen. Den
  fertigen Strauß binden und die
  Stiele schräg anschneiden.

Floristen bezeichnen diesen Strauß
»wie natürlich gewachsen« oder als
vegetativen Strauß. Bei der Gestaltung dieses Straußes haben die Geltungsansprüche der Blumen große
Bedeutung. Die Blumen werden
stark gestaffelt, wie es ihrer Wuchs-
höhe in der Natur entspricht. Die
linke Straußseite bekommt eine kleine Verlagerung nach außen, deshalb wirkt der Strauß asymmetrisch.
Die Farben: Der Strauß ist Ton in
Ton von Zartviolett bis Weiß gehalten und wirkt so sehr harmonisch.
Die Blumen:

↑	7 weiße Löwenmäulchen
⊤	10 bis 15 violette Salvien
⊤	8 bis 10 cremerosa Rosen
↱	5 Zweige weißer Strandflieder
⸦	7 violette Verbenen
◎	10 hellviolette Astern
◎	4 Sedumblüten

Das Beiwerk:
↗ 20 Gräser (aufstrebende und
   ausschwingende)
Die Vase: Gut zu den zarten Blüten-
farben passen bauchige Glasvasen,
Schamotte- oder Terrakottagefäße.

Weitere Pflanzenkombinationen:
• Ein Wiesenstrauß aus Mohn,
Margeriten, Kornblumen, dazu Gräser und verschiedene Blätter.
• Ein Sommerstrauß aus Rittersporn, Zinnien, Dahlien, dazu Gräser und Blätter.

Strauß mit graphischer Wirkung

1 Ordnen Sie eine enggestaffelte »Linie« aus vier Prachtscharten.

2 Im unteren Bereich dieser »Blütenlinie« fügen Sie unterschiedlich hoch zwei Brunia hinzu. Die angedrahteten Seitentriebe der Brunia stecken Sie rechts und links in die Basis.

3 Den violetten Strandflieder ordnen Sie sehr eng Kopf an Kopf so ein, daß er eine aufgelockerte Fläche bildet.

4 Geben Sie nun die drei blaugefärbten Eukalyptusstiele hinten und seitlich ausschwingend dazu. Die beiden Erikastiele zwischen Prachtscharte und Brunie stecken und die Efeublätter eng vorne und hinten an die Basis legen. Denken Sie daran, daß alle Stiele spiralförmig angelegt werden müssen.

5 Den Abschluß bilden die ausschwingend verarbeiteten schwertförmigen Blätter, Bärengras (rechts) und Plumosus. Den Strauß über der Hand mit Bast binden und jeden Stiel schräg anschneiden.

Dieses Blumenarrangement wird »formal-linearer Strauß« genannt. Dabei werden die Blumen als geometrische Formen betrachtet: Formen und Linien werden einander gegenübergestellt. Typisch für diesen Strauß ist die Asymmetrie.

Die Farbe und Struktur: Kontraste unterstreichen die graphische Wirkung. Hier liegt der Schwerpunkt auf hell-dunklen Farbkontrasten, wie Violett und Weiß, dazu Blau und Grün. Die Struktur ist wollig gegen porzellanen → Seite 14).

Die Blumen: Die Linien bilden

4 violette Prachtscharten

Die Formen bilden

2 weiße Brunia; Seitentriebe entfernen und andrahten

1 Bund (5 Stück) violetter Strandflieder

2 Stiele Erika

Das Beiwerk: Die Linien bilden

10 Bärengräser

3 Stiele blaugefärbter Eukalyptus

5 schwertförmige Blätter der Cordyline

5 Stiele Plumosus (Asparagus setaceus)

6 große Efeublätter (bilden die Form)

Die Vase: Soll eine geometrische Form haben wie Kugel, Dreieck oder Zylinder.

Weitere Pflanzenkombinationen:
• In Rot-Grün: Amaryllis, Brunia, Elegansnelken und Beiwerk wie Blätter, Gräser und Moos.
• In Blau-Gelb: Iris, blauer Strandflieder, gelbe Freesien, in der Basis gelbe Chrysanthemen, als Beiwerk Funkienblätter, Farn und Gräser.

Der Strukturstrauß

1 Ordnen Sie unterschiedlich hoch zwei Levkojen an, dazu geben Sie gestaffelt sechs Nelken.

2 Eine über den Strauß ragende Plumosusranke einstecken. In die zwischen jeweils zwei Stielen entstehenden Lücken verteilen Sie mit geringen Staffelungen und kompakt angelegt die restlichen Nelken, die Anemonen, Brunia, den Strandflieder und die Wax-Flower. Der Umriß soll eine fast geschlossene Biedermeierform bilden.

3 Die gestützten roten Salalblätter ordnen Sie schuppenförmig zu zwei großen »Blättern« an – die Einzelblätter müssen nicht ins Wasser reichen. Diese »Blätter« rechts und links anordnen.

4 Zwischen die roten Blattflächen kommen grüne Salalblätter und die restlichen rosagefärbten Plumosusranken. Den Strauß über der Hand mit Bast binden und die Stiele schräg anschneiden.
Ein besonderer Akzent: Mehrere Drähte über den Strauß ziehen und daran kleine Seitenzweige des Plumosus anwickeln (→ Foto rechts).

Dieser Strauß wird durch die Oberflächenkontraste (→ Strukturen, Seite 14) der verarbeiteten Pflanzen spannungsreich und lebendig. In der Fachsprache wird er Strukturstrauß genannt. Er ähnelt stark einem Biedermeierstrauß, hat allerdings keine so kompakte und symmetrische Form.
Die Farben: Zu große Farbkontraste lenken vom Eigentlichen, den Oberflächenstrukturen der Blüten ab. Nur das Grün-Rot der Blätter bildet in diesem Ton in Ton gearbeiteten Strauß einen reizvollen Kontrast.
Die Strukturen: Sie sind in diesem Strauß besonders wichtig (→Angaben unter den Stichworten »Blumen« und »Beiwerk«).
Die Blumen:

↑	3 rosa Levkojen (seidig)
⊤	15 zartrosa Nelken (porzellanen)
⊤	10 rötliche Anemonen (seidig)

 2 Bund rosa Strandflieder
(wollig)

 5 Stiele Wax-Flower
(wächsern)

 10 kleine rosagefärbte Brunia
(wollig)

Das Beiwerk:

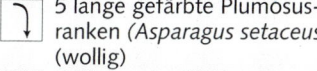 5 lange gefärbte Plumosus-
ranken (Asparagus setaceus)
(wollig)

 5 Stiele rotgefärbte
Salalblätter (ledern), gestützt
(→ Seite 21)

5 Stiele grüne Salalblätter
(ledern)

Die Vase: Gut passen eine weiß-
lasierte Tonvase, niedrige zylindrische oder runde Vasen mit großen
Öffnungen.
Die Oberfläche der Vase kann glatt
oder rauh sein – als Harmonie oder
Kontrast zum Strauß.

Weitere Pflanzenkombinationen:
• Weiße Hyazinthen, Schneeheide,
Brunia, Bergenienblätter, Chrysanthemen, Anemonen und Salalblätter, nach dem Binden den Strauß
mit Bärengras und Wollfäden über-
ziehen.
• Kleine gelbweiße Chrysanthemen, gelbe Ranunkeln, als Abschluß
Salalblätter, Efeu und Frauenhaarfarn, den Strauß mit Golddrähten,
an die gelbe Federn gewickelt sind,
»umspinnen«.

Der parallele Strauß

Im Gegensatz zu den bisher gestalteten Sträußen sind die Stiele nicht spiralförmig angeordnet, sondern parallel gestellt, damit der Strauß gut in einer flachen Schale stehen kann. Diese Bündelung wird Parallelstrauß genannt.

<u>Die Farben:</u> Ich habe den Strauß Ton in Ton gestaltet; es sind jedoch auch andere Kombinationen möglich.

Die Blumen:

↑ 5 Prachtscharten

◎ 2 Stiele Wax-Flower

⌐ 4 Stiele rosagefärbter Plumosus *(Asparagus setaceus)*

<u>Das Beiwerk:</u> Besonders wichtig sind gerade Äste, die zu kleinen Päckchen gebunden werden. Da die Bindestelle ein gut sichtbares Gestaltungselement ist, sollte man keinen grünen Bast nehmen, sondern dünnen Bindfaden verwenden.

<u>Das Gefäß:</u> Am besten paßt eine flache Schale, in der die Bindestelle gut sichtbar ist. Die Schalenform spielt keine Rolle. Es reicht, wenn sie das Gefäß ungefähr 2 cm hoch mit Wasser füllen.

Mein Tip: Zusätzlichen Halt bekommt der Strauß, indem Sie Steine oder Äste in das Gefäß legen.

Weitere Pflanzenkombinationen:
• Bündelungen aus Gräsern mit Iris und Schilfkolben, dazu ein oder zwei Erlenzweige.
• Stiele des Bärenklau mit Sonnenhut, in der Basis Brunienblütenstände, dazu ausschwingend verarbeitet zwei oder drei Blätter.
<u>Hinweis:</u> Den Bärenklau nicht bei Sonnenlicht schneiden, da es zu Allergien der Haut kommt!

1 Vor dem Binden fertigen Sie kleine »Päckchen« aus geraden Ästen an. Diese Päckchen sollten unterschiedlich lang sein. Gewickelt werden Sie mit dünnem Bindfaden. Nehmen Sie ein Päckchen und wickeln Sie eine Prachtscharte parallel daneben.

2 Ordnen Sie weitere Päckchen unterschiedlicher Länge und eine weitere Prachtscharte dazu. Im unteren Bereich Wax-Flower anwickeln.

3 Wenn Sie nach und nach alle Blumen und Päckchen angewickelt haben, schneiden Sie die Stiele auf einer Ebene ab.

4 Halten Sie den Strauß senkrecht und klopfen Sie damit leicht auf die Tischplatte bis alle Stielanschnitte in einer Ebene sind.

5 Setzen Sie den Strauß in eine Schale, und stecken Sie die Plumosusranken vorsichtig in die Bindestellen. Die längste rankt quer über der Schale, die anderen ranken über den Schalenrand.

Der Stehstrauß

1 Nehmen Sie drei Äste so in die leicht geschlossene Faust, daß Sie später die Bindestelle (über Ihrer Hand) zwischen der oberen Hälfte und dem oberen Drittel anbringen können (→ Foto rechts). Sehr wichtig ist es, daß Sie die Äste und Blumen spiralförmig anlegen, denn diese Spirale ist der Stand des Straußes.

2 Ordnen Sie weitere vier Äste ein, und bringen Sie auf einer Seite zwei Stiele Flieder unterschiedlich hoch an. Auf die andere Seite geben Sie zwei Stiele Plumosus.

3 Zum Plumosus in die Basis zwei Brunien unterschiedlich hoch einordnen. Bringen Sie jetzt noch vier bis sechs Äste dazu, dann den Strauß binden und die Stiele unten so eben schneiden, daß der Strauß senkrecht stehen bleibt.

4 Schneiden Sie die Äste im oberen Straußteil mit einer Gartenschere schräg zurück.

5 Mit feinem Kupferdraht, um den Sie Blätter wickeln, verbinden Sie die Äste.

Ein wenig eigenwillig ist dieser Strauß schon. Er wird als »Stehstrauß« bezeichnet und ist symmetrisch. Das Gegengewicht zum Flieder bilden im unteren Bereich Plumosus und Brunia, im oberen Teil die Blätter am Draht. Ich verwende diese Gestaltungen gerne als Raumschmuck auf dem Boden stehend mit einer stattlichen Höhe von 1 bis 1,5 m.

Die Farbe: Farben können Sie nach Belieben einsetzen, harmonisch oder kontrastreich. Achten Sie darauf, daß sie zum Gefäß passen! Die Farbe der Blätter orientiert sich hier an den Stielen der Äste.

Die Blumen: Verwenden Sie bei diesem Strauß Blüten sparsam.

2 Stiele Flieder

2 Stiele Plumosus (Asparagus setaceus)
2 Brunia

Das Beiwerk:

15 beliebige dünne Äste

10 beliebige Blätter am Draht

Außerdem benötigen Sie ungefähr 3 m Kupferdraht.

Das Gefäß: Eine weite Schale mit ebenem Boden und etwas erhöhtem Rand, damit der Strauß etwa 1 bis 2 cm hoch im Wasser stehen kann.

Weitere Pflanzenkombinationen:
• Das Grundgerüst aus Ästen kann auch kombiniert werden mit Euphorbienranken oder Freesien und bunten oder gemusterten Blättern.

Der Trendstrauß

1 Beginnen Sie mit einer langen
   Plumosusranke, einer Anemone
   und einem Jasminzweig.
2 Achten Sie darauf, daß die läng-
   sten Blumen waagerecht, leicht
   abfließend verarbeitet werden,
   damit der Strauß die gewünschte
   abfließende Seite bekommt. Die
   Ihnen zugewandte Seite wird
   flach und locker gestaltet.
3 Ordnen Sie die Anemonen gestaffelt an (vorsichtig in die Waa-
   gerechte biegen), obenauf Margeriten und Brunia, dazwischen
   immer wieder gruppenweise
   Asparagus, Plumosus, Mahonien
   und Frauenhaarfarn.
4 Stecken Sie die unterschiedlich
   langen Drähte mit Federn so ein,
   daß sie über das lange grüne Beiwerk und die Blüten schwingen.
   Die Drahtenden in die Bindestelle
   nehmen. Jetzt kommen noch die
   Freesien ausschwingend in den
   oberen Straußteil. Den Strauß
   über der Hand binden und jeden
   Stiel anschneiden.

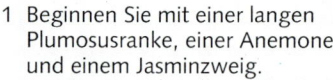

Mit vielen Ranken und weichen
Formen erinnert dieser elegant ver-
spielte Strauß an die Jugendstilzeit.
Die Form des Straußes wirkt asym-
metrisch, wenn man ihn von der
Seite betrachtet. Von vorn und hin-
ten jedoch wirkt er symmetrisch.
Die Farbe: Ich bevorzuge bei dieser
Straußart die Harmonie, wie bei
dem abgebildeten Strauß, in ver-
schiedenen Weißtönen mit Grün.
Jede andere Farbwahl ist möglich.

Die Blumen: Alle in Weiß

⌐ 10 Freesien

⌐ 10 Anemonen

⌐ 7 Margeriten

⌐ 10 Brunia

Das Beiwerk: Sie benötigen sehr viele Ranken und gebogene, große Blätter in verschiedenen Grüntönen. Nehmen Sie:

⌐ 15 lange und mittlere Plumosusranken

⌐ 12 Stiele Frauenhaarfarn

⌐ 1 Topfpflanze des Zimmerjasmin (etwa 5 Ranken abschneiden. Wächst nach!)

⌐ 7 Stiele Mahonien

⌐ 10 Stiele Asparagus

Andere Materialien: 15 weiße, an Silberdrähten befestigte Federn.

Die Vase: Am besten eine neutrale, ausgewogene Form, zum Beispiel rund.

Weitere Pflanzenkombinationen:
• In Blau-Rosa: Als Blumen: Iris, Levkojen, Sommerrittersporn, kleinblütige Nelken. Als Beiwerk: rosagefärbter Plumosus, dazu farblich passend Draht, Wolle, Farn, Palmwedel und rosa getönte Blätter.

Beliebte Blumen aus Garten und Handel

Deutsche Pflanzennamen	Botanische Namen der geeigneten Arten und Sorten	Typisches Beiwerk	Im Garten/Haus vorhanden	Im Handel erhältlich	Geltung	Bewegungsform
Akelei	*Aquilegia caerulea*		V – VI		hoch, mittel	⊤
Amaryllis, Ritterstern (♨ Zwiebel)	*Hippeastrum*-Hybriden		XI – III	VIII – IV	hoch	⊤
Anemone ♨	*Anemone*-Hybriden		V – VII	X – IV	mittel, gering	[Symbole]
Anthurie ♨	*Anthurium andreanum*			I – XII	hoch	[Symbol]
Apfel	*Malus*		IV		mittel	[Symbol]
Asparagus (♨ Beeren)	*Asparagus densiflorus*	●		I – XII	mittel	[Symbol]
	Asparagus falcatus			I – XII	hoch, mittel	[Symbole]
	Asparagus meyeri	●		I – XII	hoch, mittel	[Symbol]
	Asparagus setaceus (Plumosus)	●		I – XII	mittel	[Symbol]
	Asparagus sprengeri	●		I – XII	mittel, gering	[Symbole]
Astern, wie ▼ Sommeraster	*Aster callistephus*		IX – X	VIII – XI	mittel, gering	[Symbole]
Glattblattaster	*Aster novi-belgii* in Sorten		IX – X	VIII – XI	mittel, gering	[Symbole]
Bärenklau ♨ ▼	*Heracleum gigantheum*		VI – VII	IV – X	mittel	⊤
Bergenie	*Bergenia cordifolia*	●	III – X	II – XI	gering	[Symbol]
Blumenhartriegel ▼ (Vorsicht! Verwechslung mit Faulbaum ♨)	*Cornus* in Sorten		I – XII		hoch, mittel	[Symbol]
Brunia	*Brunia albiflora*			XII – V	mittel, gering	[Symbole]
Buchsbaum	*Buxus sempervirens*	●	I – XII	I – XII	mittel	[Symbole]
Calathea, Korbmarante	*Calathea* in Sorten	●		I – XII	mittel	[Symbol]
Chrysantheme ▼	*Chrysanthemum-Indicum*-Hybriden		IX – XI	I – XII	gering	[Symbol]
Dahlie	*Dahlia*-Hybriden		VII – X	VI – XI	mittel, gering	[Symbole]
Edeldistel	*Eryngium* in Arten		VII – IX	VI – X	hoch	⊤
Efeu (♨ Beeren) ▼	*Hedera* in Sorten		I – XII	I – XII	mittel, gering	[Symbole]
Eibe ♨	*Taxus baccata*		I – XII	I – XII	hoch, mittel	[Symbole]
Erika	*Erica* in Sorten		XII – V	XII – V	mittel, gering	[Symbole]

56

Deutsche Pflanzennamen	Botanische Namen der geeigneten Arten und Sorten	Typisches Beiwerk	Im Garten/ Haus vorhanden	Im Handel erhältlich	Geltung	Bewegungsform
Farne, wie						
Frauenhaarfarn	*Adiantum* in Sorten	●	I – XII	I – XII	mittel	⌐
Lederfarn	*Arachnoides adiantiformis*	●		I – XII	mittel	⌐
Nierenschuppenfarn, Schwertfarn	*Nephrolepis* in Sorten	●	I – XII	I – XII	mittel	⌐
Fetthenne	*Sedum spectabile*		VIII – IX	VIII – X	gering	◎
Fingerhut ⚥ ▼	*Digitalis grandiflora*		VI – VII	IV – VII	hoch	↑
Flieder	*Syringa vulgaris*		IV – V	XII – V	hoch	T
Frauenmantel	*Alchemilla mollis*	●	VI	V – IX	gering	◎
Freesie	*Freesia*-Hybriden		II – IV	I – XII	mittel	⌐
Funkie	*Hosta* in Arten	●	IV – X	III – XI	mittel	⌐
Gerbera	*Gerbera jamesonii*		V – IX	I – XII	mittel	↑
Gladiole	*Gladiolus*-Hybriden		VI – IX		hoch	↑
Glockenblume	*Campanula glomerata*		VI – VII	IV – VIII	mittel	↑
	Campanula pyramidalis		VI – VII	IV – VIII	hoch, mittel	↑
Goldglöckchen, Forsythie	*Forsythia europaea* (intermedia)		IV – V	XI – V	hoch, mittel	↑ Ƴ
Gräser, wie						
Federborstengras	*Pennisetum alopecuroides*	●	VIII – X	VIII – X	hoch, mittel	↑ ⌐
Federgras	*Stipa barbata*	●	VIII – X	VIII – X	hoch, mittel	↑ ⌐
	Stipa capillata	●	VIII – X	VIII – X	hoch, mittel	↑ ⌐
Morgensegge	*Carex grayi*	●	VIII – X	VIII – X	hoch, mittel	↑ ⌐
Herbstaster ▼	*Chrysanthemum-Indicum* -Hybride		IX – X	IX – X	mittel, gering	↑ ◎
Hortensie	*Hydrangea* in Sorten		V – X	V – X	mittel, gering	↑ ◎
Hyazinthe (⚥ Zwiebel) ▼	*Hyacinthus orientalis*		IV – V	IX – VI	mittel, gering	↑ ◎
Immergrün ⚥	*Vinca major/minor*	●	I – XII	I – XII	mittel, gering	⌐ ◎
Inkalilie ▼	*Alstroemeria-Ligtu-* Hybriden		VI – VII	I – XII	hoch	T
Jasmin (Zimmerjasmin)	*Jasminum officinale*		VI – IX	VI – IX	mittel	⌐
Johanniskraut	*Hypericum calycinum*	●	I – XII		mittel	Ƴ
Kamille ▼	*Chrysanthemum matricarium*		VIII – XI	III – XI	gering	◎
Klebschwertel	*Ixia*-Hybriden		IV – VI	IV – VII	hoch, mittel	↑

Deutsche Pflanzennamen	Botanische Namen der geeigneten Arten und Sorten	Typisches Beiwerk	Im Garten/ Haus vorhanden	Im Handel erhältlich	Geltung	Bewegungsform
Königskerze	*Verbascum*-Hybriden		VI – VIII	VI – VIII	hoch	[↑]
Korkenzieher-Haselnuß	*Corylus avellana*		I – XII	I – XII	hoch, mittel	[⌇]
Kornblume	*Centaurea cyanus*		V – VII	VI – IX	mittel	[Ŷ]
	Centaurea macrocephala		VII – VIII	V – VIII	mittel, gering	[Ŷ] [◎]
Kugeldistel	*Echinops ritro*		VII – IX	VI – X	mittel, hoch	[Ŷ]
Lauch	*Allium aflatunense*		V	IV – VII	mittel	[Ŷ]
	Allium giganteum		VII – VIII	IV – VII	hoch	[T]
	Allium sphaerocephalon		VI – VII	IV – VII	mittel	[Ŷ]
Lebensbaum ⚥	*Thuja* in Sorten	●	I – XII	I – XII	mittel, gering	[⌐] [◎]
Leberbalsam	*Ageratum* in Sorten		V – IX	V – IX	mittel, gering	[Ŷ] [◎]
Levkoje	*Matthiola incana*		V – VIII	III – IX	hoch, mittel	[↑]
Lilie ⚥	*Lilium*-Hybriden in Sorten		VI – IX	I – XII	hoch	[T]
Löwenmaul	*Antirrhinum majus*		VI – IX	IV – XI	hoch, mittel	[↑]
Lorbeerkirsche ⚥	*Prunus laurocerasus*	●	I – XII	I – XII	mittel, gering	[◎]
Männertreu, Ehrenpreis	*Veronica* in Arten		IV – V	I – XII	mittel	[↑]
Mahonie	*Mahonia* in Arten	●	I – XII	I – XII	mittel, gering	[⌐] [◎]
Maiglöckchen ⚥	*Convallaria majalis*	●	IV – V	I – XII	hoch, mittel	[↑] [⌐]
Matrikarie ▼	*Chrysanthemum parthenium*		VI – IX	IV – XI	gering	[◎]
Montbretie	*Crocosmia crocosmiiflora*		VII – IX	V – X	mittel	[⌐]
Narzisse (⚥ Zwiebel) ▼	*Narcissus* in Sorten		III – IV	XII – V	hoch, mittel	[⌐]
Nelken, wie Bartnelke	*Dianthus barbatus*		VI – VIII	III – VIII	mittel, gering	[Ŷ] [◎]
Gartennelke	*Dianthus caryophyllus*		VI – VIII	I – XII	mittel	[Ŷ]
Obstgehölze (Aprikose, Kirsche, Pflaume)	*Prunus* in Arten		VI – V	XI – V	mittel	[⌣]
Orchideen ▼	viele Arten und Sorten, wie *Cymbidium*-Hybriden *Paphiopedilum*-Hybriden *Phalaenopsis*-Hybriden			I – XII	hoch, mittel	[T] [⌐]
Paradiesvogelblume	*Strelitzia reginae*			II – VII	hoch	[⌐]
Phlox	*Phlox paniculata*		V – VI	VII – X	mittel, gering	[Ŷ] [◎]

Deutsche Pflanzennamen	Botanische Namen der geeigneten Arten und Sorten	Typisches Beiwerk	Im Garten/ Haus vorhanden	Im Handel erhältlich	Geltung	Bewegungsform
Pfingstrose ⚥	*Paeonia officinalis*		V	V	mittel	
Prachtscharte ▼	*Liatris spicata*		VII – IX	I – XII	hoch, mittel	
Ringelblume	*Calendula officinalis*		VI – X	V – XI	mittel, gering	
Rittersporn ⚥	*Delphinium ajacis* *Delphinium*-Hybriden		VI – X VI – IX	V – X VI – X	hoch hoch	
Rose	*Rosa* in Sorten		VI – IX	I – XII	hoch, mittel	
Salal	*Gaultheria shallon*	●		I – XII	mittel, gering	
Sammetblume, ▼ Studentenblume	*Tagetes* in Sorten		VI – VIII	V – IX	mittel, gering	
Skabiose	*Scabiosa caucasica*		VII – IX	VII – X	mittel	
Schafgarbe ▼	*Achillea filipendulina*		VII – IX	VII – X	gering	
Schleierkraut	*Gypsophila paniculata*		VI – VIII	I – XII	mittel	
Schmucklilie ▼	*Agapanthus africanus*		VI – VIII	V – IX	hoch	
Schneeball	*Viburnum opulus*		V – VI	I – VII	mittel, gering	
Schusterpalme	*Aspidistra elatior*	❷		I – XII	mittel, gering	
Schwertlilie ⚥	*Iris hollandica* in Sorten *Iris germanica* in Sorten		V – VII V – VII	I – XII I – XII	hoch hoch	
Solidaster	*Solidaster*		VII – IX	V – X	mittel, gering	
Sonnenblume	*Helianthus annuus*		VII – X	VII – X	hoch	
Sonnenhut	*Rudbeckia purpurea*		VII – IX	VI – X	mittel, gering	
Spierstrauch	*Spiraea* in Sorten	●	I – VIII	VI – VIII	mittel	
Steppenkerze	*Eremurus robustus*		VI – VII	V – VII	hoch	
Stockmalve	*Althaea cannabina*		VI – VIII		hoch	
Strandflieder, Meerlavendel, Statice	*Limonium* in Sorten		VII – IX	I – XII	mittel, gering	
Traubenhyazinthe (⚥ Zwiebel) ▼	*Hyacinthus azureus*		II – IV	XI – V	mittel, gering	
Tulpe (⚥ Zwiebel) ▼	*Tulipa* in Sorten		IV – V	IX – V	mittel	
Wax-Flower		●		I – XIII	mittel	
Weihnachtsstern (⚥ Milchsaft) ▼	*Euphorbia pulcherrima*			XI – I	hoch	
Wicke, Wohlriechende Platterbse (⚥ Samen)	*Lathyrus oderatus*		V – VII	III – VIII	mittel	
Zaubernuß	*Hamamelis mollis*		I – III		hoch, mittel	
Zinnie	*Zinnia elegans*		VII – IX	V – X	mittel	

Arten- und Sachregister

Die **halbfett** gesetzten Seitenzahlen verweisen auf Farbfotos und Farbzeichnungen. U = Umschlagseite.

Abblättern 19, **19**
Achillea filipendula 59
Aconitum arendsii 56
Aconitum napellus 56
Adiantiformis 57
Adiantum 57
Agapanthus africanus 59
Ageratum 58
Akelei 8, 15, 56
Aktive Bewegungen 9
Alchemilla mollis 57
Allergien der Haut 32, 50, 56–59
Allium aflatunense 58
Allium giganteum 58
Allium sphaerocephalon 58
Alpenveilchen 6, 20
Alstroemeria-Ligtu-Hybriden 57
Althaea cannabina 59
Amaryllis 6, 7, 8, 9, 16, 46, 56
Andrahten 22, **22**
Anemone 8, 13, 43, 48, 49, 55, 56
Anemone-Hybriden 56
Anordnung der Blumen 28, **28**
Anschnitt 3, 19, **19**, 20
– flüssigkeitsabsondernder Stiele 20
– holziger Stiele 20
– krautiger Stiele 20
–, Pflege beim 20
– weicher Stiele 20
Anthurie 8, 9, 56
Anthurium andreanum 56
Antirrhinum majus 58
Apfelzweig 9, 56
Aprikosenzweig 58
Aquilegia caerulea 56
Arachnoides 57
Asparagus 9, 34, 55, 56, 63
Asparagus densiflorus 56
Asparagus falcatus 56
Asparagus meyeri 56
Asparagus setaceus 34, 46, 49, 50, 52, 56
Asparagus sprengeri 56
Äste 50, 52
Aster 13, 14, 16, 41, 44, 56
Aster callistephus 56
Aster novi-belgii 56
Astrantia major 59
Auffrischen von Blumen 20
Aufrechter Wuchs 6

Bänder 13
Bärengras 46, 49
Bärenklau 8, 50, 56
Bartnelke 58
Bast 22, 23
Begonie **14**

Beiwerk 13, 18, 34–55, 56–59
– stützen 21
Bergenia cordifolia 56
Bergenie 8, 9, 56
–, Blätter der **14**, 41, 49
Besprühen der Blätter 24
Bestimmungsbuch 15
Bewegungen, aktive 9
Bewegungen, passive 9
Bewegungsform 8–9, **9**, 32, 56–59
–, Erläuterungen zur 32
Biedermeiermanschette 40
Biedermeierstrauß 40, **41**
Binden der Sträuße 23, 25–32
Bindestelle 23
Bindetechnik 25
Bindetips 25
Bindetraining 26, **26**
Blätter 9, **14**, 34, 38, 41, 44, 46, 50, 52, 55, 63
– stützen 21, **21**
Blattläuse 15
Blumen
–, Anordnung der 28
– auffrischen 20
-binden, Hilfsmittel fürs 16
–, edle 7, 8
-farben 11
–, frische 16
-hartriegel 56
–, herrschende 7, 8
-kauf 16, 18
–, kooperative 7, 8
-laden 16
–, prunkvolle 8
– schneiden 15
–, schnell welkende 15
–, Struktur der 13, 14
– stützen **3**, 21, 22
-transport 18
-wiese 6
–, Wirkung der 6–8
Blütengehölze 16
Blüten schneiden 15
Botanischer Name 56–59
Bouillon-Draht 21
Bromelie 14
Brunia 41, 43, 46, 49, 50, 52, 55, 56
Brunia albiflora 56
Buchsbaum 43, 56
Bunte Sträuße 13
Buxus sempervirens 56

Calathea 56
Calendula officinalis 59
Campanula glomerata 57
Campanula pyramidalis 57

Carex grayi 57
Celosie 63
Centaurea cyanus 58
Centaurea macrocephala 58
Chicolaub 36
Christrose 20
Chrysantheme 8, 9, 14, 16, 20, 36, 38, 46, 49, 56, 63
Chrysanthemum matricarium 57
Chrysanthemum parthenium 58
Chrysanthemum-Indicum-Hybriden 56, 57
Convallaria majalis 58
Cordyline 46
Cornus 56
Corylus avellana 58
Crocosmia crocosmiiflora 58
Cymbidium-Hybriden 58

Dahlia-Hybriden 56
Dahlie 8, 9, 13, 31, 34, 36, 44, 56, 63
Dekorativer Strauß **5**, 36, 38
Delphinium ajacis 59
Delphinium-Hybriden 59
Deutscher Pflanzenname 56–59
Dianthus barbatus 58
Dianthus caryophyllus 58
Digitalis grandiflora 57
Distel 22
Draht 20
– kaschieren 22
Dreifarbkombinationen 13
Duftschleier 9

Echinops ritro 58
Edeldistel 56
Edelform 7
Edle Blumen 8
Efeu **9**, 46, 49, 56
Ehrenpreis 58
Eibe 43, 56
Einkaufsquellen 16
Einfacher Strauß 34, **35**
Einkaufsliste 29
Elegansnelke 46
Entdornen 19, **19**
Enthärtetes Wasser 34
Eremurus robustus 59
Erica 56
Erika 46, 56
Erlenzweig 50
Eryngium 56
Eukalyptus 11, 36, 41, 46
Euphorbia pulcherrima 59
Euphorbienranken 52

Fackellilie 36
Farben 11–13

Farben, benachbarte 12
– der Blumen 11
–, gegenüberliegende 11
– der Sträuße 11
–, Ton-in-Ton 13, 38, 50
–, Wirkung der 11
Farbkontraste 11, 46, 48
Farbkreis **12**
Farbneutrum 11
Farn 9, 18, 31, 34, 44, 46, 55, 57
Federborstengras 57
Federgras 57
Federn 22, 49, 55
Fensterblatt 14
Fetthenne 9, 57, 63
Fingerhut 57
Flamingoblume 14
–, Blatt der **14**
Flieder 8, 9, 20, 52, 57
Floristenband 22
Formal-linearer Strauß 46, **47**
Forsythia europaea 57
Forsythie 57
Frauenhaarfarn 15, 20, 49, 55, 57
Frauenmantel 8, 9, 14, 57
Frauenschuh 6
Freesia-Hybriden 57
Freesie 6, **9**, 13, 16, 41, 46, 52, 55, 57
Frische Blumen 16
Frischhaltemittel 16, 20, 23
Frischhalten des Straußes 23
Frühlingsstrauß **U3**
Fuchsschwanz 9
Fülliger Strauß 36, **37**
Funkie 8, 57
–, Blätter der 36, 46

Gänseblümchen 41
Gartenblumen 15
–, Transport von 18
Gartennelke 9, 58
Gartenpflanzen schneiden 15
Gartenschere 15, 19
Gärtnerei 16
Gaultheria shallon 59
Gefäße 22, **24**, 34–55
Gehölze 15
Gekaufte Blumen, Transport 18
Geltung der Blumen 6–8, 56–59
Geltungsform 7
Geneigter Wuchs 6
Gerbera 6, **9**, 16, 28, 29, 36, 57
Gerbera jamesonii 57
Gestalten der Sträuße 25–32
Gestaltung, Tips zur 29
Getrocknete Pflanzenteile 14
Giftige Pflanzen 16, 32, 56–59

Selber anlegen. Selber züchten.
Problemlos mit GU.

Gewußt wie – und es gelingt ganz leicht, solche "grünen Glücksmomente" zu erleben! Sie brauchen nur jemanden, der sagt, worauf es beim Gärtnern ankommt – natürlich: die Experten von GU!

Neue, praktische und durchgehend farbige Ratgeber. Mit Pflanzensteckbriefen, Top-Fotos, erklärenden Zeichnungen und sehr präzisen Texten – von kompetenten Autoren. 48 bis 112 Seiten, 40 bis 140 Farbfotos, 20 bis 30 Zeichnungen. Paperback. 12,80DM/14,80 DM/16,80 DM/19,80 DM.

Weitere Pflanzen-Ratgeber-Themen:
- Bambus für Haus und Garten
- Beerenobst biologisch ziehen
- Begonien für Zimmer, Balkon und Garten
- Begrünen von Haus und Balkon
- Fuchsien
- Küchenkräuter biologisch ziehen
- Der Naturteich im Garten
- Pflanzen für den Gartenteich

Mehr draus machen.
Mit GU.

Arten- und Sachregister

Gladiole 7, 8, 9, 16, 57
Gladiolus-Hybriden 57
Glaskugeln 43
Glattblattaster 56
Gleichklang-Sträuße 13
Glockenblume 6, **14**, 57
Golddrähte 49
Goldglöckchen 57
Goldlack 14
Graphisch wirkender Strauß 46, **47**
Gräser 34, 38, 44, 46, 50, 57
Gypsophila paniculata 59

Hagebutte 41
Haltbarkeit des Straußes 23
Hamamelis mollis 59
Hartriegel 9, 63
Hautallergien 32, 50, 56–59
Heckenrose 15
Hedera 56
Helianthus annuus 59
Heracleum gigantheum 56
Herbstaster 8, 11, 57
Herbstenzian 8
Herkuleskraut 8
Herrschaftsform 7
Herrschende Blumen 7, 8
Hilfsmittel Bast 22
Hilfsmittel Draht 20
Hilfsmittel fürs Blumenbinden 16,
24
Hippeastrum-Hybriden 56
Hortensie 8, 57
Hosta 57
Hyacinthus azureus 59
Hyacinthus orientalis 57
Hyazinthe 14, 49, 57
Hydrangea 57
Hypericum calycinum 57

Immergrün 57
Inkalilie 57
Iris 11, 13, 14, 16, 36, 46, 50, 55
Iris germanica 59
Iris holandica 59
Ixia-Hybriden 57
Ixie 38

Jasmin 57
Jasminum officinale 57
Johanniskraut 57, 63

Kamille 8, 9, 57
Kapp-Grün 43
Kiefernzapfen **14**
Kirschlorbeer 14, 34, 36
Kirschzweig **9**, 58
Klebschwertel 57
Knospen 16
Komplementärfarben 11, 12
Komplementärkontrast 34

Konifere 9, 22, 43
Koniferenstrauß **3**, 42, **43**
Königskerze 9, 58
Kooperative Blumen 7, 8
Korbblütler 16
Korbmarante 56
Korkenzieher-Haselnuß 9, 58
Kornblume 9, 44, 58
Krokus 14, 15
Küchenschelle 14
Kugeldistel 58
Künstliche Materialien 22
Kupferdraht 52

Lathyrus oderatus 59
Lauch 9, 58
Lebensbaum 43, 58
Leberbalsam 8, 36
Lederfarn 13, 38, 57
Leitungswasser 23
Levkoje 8, **9**, 13, 20, 48, 55, 58
Liatris spicata 59
Lilie 6, 8, **9**, 16, 31, 36, 38, 58
Lilium-Hybriden 58
Limonium 59
Lorbeerkirsche 58
Löwenmaul 9, 14, 44, 58
Lupine 15

Mahonia 58
Mahonie 55, 58
Maiglöckchen 6, 8, 58
Malus 56
Malve 14
Mandelzweig 58
Männertreu 8, 58
Margerite 6, 7, 11, 16, 34, 38, 41,
44, 55
Massenblüher 8
Materialien, künstliche 22
Materialien, nichtpflanzliche 13
Matrikarie 58
Matthiola incana 58
Meerlavendel 59
Messer 15, 19
Mohn 15, 20, 44
Montbretie 58
Moos 46
Moosrose 43
Morgensegge 57
Myrthe- oder Silberdraht 21

Nachbarfarben 36, 41
Nährlösungen 20
Narcissus 58
Narzisse 6, 7, 8, 9, 13, 14, 16, 20,
58
Naturblumen 15
Naturschutz 15
Nelke 6, 8, 9, 14, 16, 28, 29, 34,
40, 48, 55, 58

Nephrolepis 57
Nichtpflanzliche Materialien 13
Nichtpflanzliche Strukturen 13
Nierenschuppenfarn 57

Oberflächenbeschaffenheit 13
Oberflächenkontraste 48
Oberflächenwirkung 14
Obstgehölze 58
Orchidee 7, 8, 9, 58
Orchideen-Rispen 6

Paeonia officinalis 58
Palmwedel 36, 55
Paphiopedilum-Hybriden 58
Papyrus 8
Paradiesvogelblume 8, 9, 58
Paralleler Strauß 50, **51**
Passive Bewegungen 9
Pennisetum alopecuroides 57
Pfingstrose 16, 58
Pfirsichzweig 58
Pflanzen, giftige 16, 32, 56–59
Pflanzenmaterialien **33**
Pflanzenname, botanischer 56–59
Pflanzenname, deutscher 56–59
Pflanzen, schleimhautreizende 15,
16, 32, 56–59
Pflanzenschutzmittel 15
Pflanzentabelle 56–59
–, Erläuterungen zur 32
Pflanzenteile, getrocknete 14
Pflege beim Anschnitt 20
Pflege des Straußes 23
Phalaenopsis-Hybriden 58
Phlox 8, 58
Phlox paniculata 58
Plumosus 46, 49, 50, 52, 55, 56
Prachtscharte 8, 9, 13, 46, 49, 50
Prunkform 8
Prunkvolle Blumen 8
Prunus 58
Prunus laurocerasus 58

Rabattenblumen 8
Rainfarn 41
Ranunkel 49
Rebschere 15, 19
Riesenlauch 8
Ringelblume 8, 13, 36, 59
Rittersporn 8, 9, 14, 44, 59
Ritterstern 56
Rohrkolben 8, 59
Rosa 59
Rose 6, **9**, 13, 14, 16, 28, 29, 31,
38, 40, 43, 44, 59
–, großblütige 8
Rudbeckia purpurea 59
Rundgebundener Strauß **U2, 27**
Ruskus 36, 38

Salal 59
Salalblätter 36, 38, 49
Salvie 34, 44
Sammetblume 59
Scabiosa caucasica 59
Schachtelhalm 38
Schädlinge 15
Schafgarbe 9, 59
Schilfkolben 50
Schlehe 9
Schleierkraut **9**, 18, 59
Schleimhautreizende Pflanzen 15,
16, 32, 56–59
Schlüsselblume 8, 41
Schmucklilie 8, 9, 58
Schneeball 8, 59
Schneeglöckchen 6, 8, 15
Schneeheide 49
Schneiden 15–16
– von Gartenpflanzen 15
–, richtige Tageszeit fürs 15
–, Tips für das 15
Schnitt-Leberbalsam 36
Schnittblumen frischhalten 20
Schnittblumen pflegen 15–24
Schnittblumen vorbereiten 19
Schnittlinge, Versorgung der 15
Schusterpalme 59
Schwertfarn 57
Schwertlilie 59
Sedum 44
Sedum spectabile 57
Septemberkraut 18
Silbereiche 9
Skabiose 14, 36, 59, 63
Solidaster 38, 59
Sommeraster 56
Sommerrittersporn 31, 38, 55
Sommerstrauß **U 1**, 2, 7, 10, 44, **U 4**
Sonnenblume 8, 20, 59
Sonnenflügel 43
Sonnenhut 8, 9, 50, 59
Spierstrauch 59
Spinnmilben 15
Spiraea 59
Spiree 36
Statice 59
Staudenrittersporn 14
Steckdraht 20, 22
Stehstrauß 52, **53**
Steppenkerze 8, 59
Sterndolde 59
Stipa barbata 57
Stipa capillata 57
Stockmalve 9, 20, 59
Strandflieder 9, 11, 13, 36, 38, 40,
41, 43, 44, 46, 48, 59
Sträuße
–, Beschreibung der 34–55
– binden 25–32

Register, Literatur

Sträuße, bunte 13
-farben 11
– gestalten 25–32
– planen 30
–, symmetrische 26, 28, 29
–, Ton-in-Ton 13
– trocknen 24, 42
Strauß
–, Biedermeier- 40, **41**
–, dekorativer **5**, 36, **37**, 38, **39**
–, einfacher 34, **35**
–, formal-linearer 46, **47**
–, fülliger 36, **37**
– mit graphischer Wirkung 46, **47**
–, Koniferen- **3**, 42, **43**
–, paralleler 50, **51**
–, rundgebundener **U2, 27, 34, 36**
–, Steh- 52, **53**
–, Struktur- **17**, 48, **49**
–, Trend- 54, **55**
–, tropfenförmiger 38, **39**
–, vegetativer 44, **45**
Straußumriß 25
Strelitzia reginae 58
Strohblume 43
Struktur der Blumen 13–14, **14**
Strukturen, nichtpflanzliche 13
Strukturstrauß **17**, 48, **49**
Studentenblume 59
Stützdraht 20, 22
Stützen 21, 22
– der Blätter 21

– der Blumen 21, 22
Stützen des Beiwerks 21
Symmetrie der Sträuße 26, 28, 29
Syringa vulgaris 57

Tagetes 8, 16, 59
Taxus baccata 56
Tee-Rose 8
Thuja 43, 58
Ton-in-Ton-Farben 13, 38, 50
Ton-in-Ton-Sträuße 13
Transport von Blumen 18
Traubenhyazinthe 59
Trauerweide 9
Trendstrauß 54, **55**
Trocknen der Bumensträuße 24, 42
Trollblume 13
Tropfenförmiger Strauß 38, **39**
Tulipa 59
Tulpe 9, 13, 14, 16, 20, 59
Typha latifolia 59

Umriß, aufgelockerter 29
Umriß, geschlossener 28
Usambaraveilchen-Blatt **14**

Vasen 24, 34–55
Vasenwasser 23
Vegetativer Strauß 44, **45**
Veilchen 8
Verbascum-Hybriden 58
Verbene 44

Vergißmeinnicht 41
Verletzungsgefahr 15, 16
Veronica 58
Vierfarbkombinationen 13
Vinca major/minor 57

Wasser enthärten 23, 34
Wasserpflanzen 15
Wasserversorgung 23
Wax-Flower 9, 41, 49, 50, 59
Weidenkätzchen 14
Weihnachtsstern 8, 20, 59
Weiße Fliege 15
Welken 20
Werkzeug fürs Schneiden 15, 19
Wicke **14,** 59
Wiener Biedermeierstrauß **18,** 40
Wiesenstrauß 44
Wildpflanzen 15
Wirkung von Blumen 6–8
Wochenmärkte 16
Wohlriechende Platterbse 59
Wolfsmilchgewächse 20
Wuchs, aufrechter 6
Wuchs, geneigter 6

Zapfen 43
Zaubernuß 9, 59
Zimmerjasmin 9, 55, 57
Zinnia elegans 59
Zinnie 6, 9, 13, 16, 34, 36, 44, 59
Zwiebel- und Knollengewächse 16

Bücher, die weiterhelfen

Bebber, Hermann J. van; Schultze, Helmut: *Schnittgrün – mehr als botanisches Beiwerk.* Verlag M. & H. Schaper, Hannover
Haase, Magda: *Die 100 schönsten Gartenbumen.* Humboldt-Taschenbuchverlag Jacobi KG, München
Grahn, Jürgen: *Alles über Blumen.* Prisma Verlag GmbH, Gütersloh
Wohlschlager, Josef: *Unser Garten meisterlich bepflanzt.* Eugen Ulmer Verlag, Stuttgart
Zinkernagel, Gisela: *Gartenblumen.* BLV Verlagsgesellschaft, München

Zeitschriften, die weiterhelfen

FLORA. Gruner + Jahr AG & Co, Postfach 111629, 2000 Hamburg 11
Kraut & Rüben. BLV Verlagsgesellschaft mbH, Lothstraße, 8000 München 40
mein schöner Garten. Verlag Burda GmbH, Hauptstraße 130, 7600 Offenburg

---

Anleitung fürs Binden des Sommerstraußes von Umschlagseite 1 und 4:

1 Beginnen Sie mit zwei Celosien, einigen Zweigen Asparagus und dem verzweigten Fruchtstand des Johanniskrauts. Um dem Strauß Halt zu geben, stecken Sie in die Basis einige Blätter des Hartriegels.

2 Ordnen Sie in gleicher Höhe zwei Sternskabiosen und eine Dahlie an. Achten Sie darauf, daß sich im Stielbereich keine Überschneidungen ergeben. Die Stiele müssen spiralförmig angeordnet sein (→ Bindetraining, Seite 26).

3 In die Basis und den unteren Straußbereich werden einige Blätter und Blüten der Fetthenne eingebunden, damit der Strauß

im oberen Bereich auseinandergeht und rund wird.

4 Durch weiteres Hinzuordnen von Dahlien, Celosien, Fetthenne, Sternskabiosen, verzweigten Chrysanthemen, Asparagus, Hartriegel und Johanniskraut bekommt der Strauß seine runde, üppige Form. Den Abschluß bilden die ringsum gleichmäßig angeordneten Bergenienblätter.

Die Blumen: Für diesen Strauß benötigen Sie:

10 purpurfarbene Celosien

10 violette Dahlien

8 altrosa Sternskabiosen

5 rosa Fetthenne

5 hellrosa verzweigte Chrysanthemen

Das Beiwerk: Es hilft beim Binden und umspielt die Blüten.

10 Fruchtstände des Johanniskrauts

10 Stiele Asparagus

10 dünne Hartriegelstiele

6 Bergenienblätter

Verspielter Frühlingsstrauß mit ein-gebundenen Federn und viel zartem Grün. ▷

Die Fotos auf dem Umschlag:
Umschlagvorderseite: Sommerstrauß aus Celosien, Dahlien, Sternskabiosen, Fetthenne, Chrysanthemen, Johannis-kraut-Fruchtständen, Asparagus, Hart-riegel und Bergenienblättern.
Umschlagseite 2: Rundgebundener Strauß aus Rosen, Ranunkeln, Margeri-ten, Schleierkraut, Bärengras, Farnwedel und Salalblättern.
Umschlagseite 3: Frühlingsstrauß aus Tulpen, Trollblumen, Margeriten und als Beiwerk Schleierkraut, Farn, Plumosus *(Asparagus setaceus)* und Federn.
Umschlagrückseite: Schritt-für-Schritt-Folge fürs Binden eines Sommerstraußes (Anleitung → Seite 63).

CIP-Titelaufnahme der Deutschen Bibliothek
Blumensträuße selber binden:
die schönsten Ideen für alle Anlässe; Rat vom Floristmeister für Materialien, fürs Binden und Gestalten / Wolfgang Koristka. Mit Farbfotos von Jürgen Stork. – 3. Aufl. – München: Gräfe und Unzer, 1991
(GU-Pflanzen-Ratgeber)
ISBN 3-7742-3329-2
NE: Koristka, Wolfgang; Stork, Jürgen

3. Auflage 1991
© 1988 Gräfe und Unzer GmbH, München

Redaktionsleitung: Hans Scherz
Redaktion: Renate Weinberger
Lektorat: Gisela Keil
Herstellung: Johannes Schmidt-Thomé
Produktion: Helmut Giersberg
Umschlaggestaltung:
Heinz Kraxenberger
Druck: Pera
Bindung: R. Oldenbourg

ISBN 3-7742-3329-2